失敗する自由が超越を生む

量子物理学者　古澤明の頭の中

真山 仁
Mayama Jin

小学館新書

失敗する自由が超越を生む　量子物理学者　古澤明の頭の中

目次

第1章

第2章

負ける勝負はしない

第3章

負けず嫌いと楽しむ天才

「本職は、ウインドサーファー」と豪語できる実力
きっかけはある天才スラローマー／憧れのアスリートを目標に
楽しくて負けないことしか興味がない

【ステンマルクとウインドサーフィン】

頑張ろうと思ったことがない
我慢するなら、やめたほうがいい
飽きもせず没頭する経験が重要／飽きた経験がない
楽しく没頭すれば、燃え尽きない

【就活の心得】

誰もやらないことに挑戦する意味
「暴挙と挑戦っていうのは違うんですよ」
最高峰に挑むには、挑戦権がいる／多くの人は、自分の「限界」を知らない
成功確率が九〇%ないと、挑戦しない

【『挑戦』とは？】

東大での学生生活で明確に見えたもの
アカデミアより、就職を目指したわけ
いつかはアメリカに留学したい／大学生活の中心は競技スキー研究を独力で完結させる／企業にもこんな凄い人がいる
社長になって「金曜会」に出る！
【『若き数学者のアメリカ』】

「会社の常識」という壁にぶち当たる
もっとモチベーションが続く研究を！
これが会社なんだと実感／再び大学で研究をして、研究の自由を実感
光量子コンピューター研究のきっかけ／気がつくと自分は取り残されていた
【ジェフ・キンブル】

第4章
アトミックボムのような男
——アメリカで手に入れたあるべき研究……………… 113

けっして順風満帆でなくても
アメリカでも古澤の哲学は揺るがない

第6章

少年よ、楽しみながら大志をカタチにせよ

ホームランを打つために必要なのは、三振を恐れず思いっきり振ること
自分で失敗を定義する／失敗を楽しむ
【偉人たちの失敗論】

自分の最適な道を探すために好きなことを躊躇わずにやる
フットワークを軽く／実体験情報は、ネット情報の千倍
五感で情報を感じ取る
【五感で感じ取るとは】

撤退は、勇気退路は断たない
常に選択肢を持つ／進歩は一歩ずつ／実践し、結果で次を選択
発明は、直感
【リアルオプション】

はじめに

「天才とは、一％の閃《ひらめ》きと、九九％の努力だ」という有名なエジソンの格言がある。

だが、多くの人は、エジソンの真意を誤解した。すなわち、「天才といえども、やっぱり努力が大事」だという意味にだ。真意はそうじゃない。

エジソンは、発言をした直後から、「いくら努力しても、結局は閃きがなければ、全ては無駄という意味で言ったんだ」と誤解を解こうとしたという。

とはいえ、人によって解釈が異なっても、真理は変わらないのではないだろうか。

つまり、何事も結果が重要で、世の中を一変させるようなめざましい結果を出した時に、世間はその人物を「天才」と呼ぶわけで、「閃き」だけでも「努力」だけでも、偉業は達成できないという真理は揺るがない。

小説家になる以前、私は一〇年余り、エンターテインメントを中心とした多くの「天才」たちを取材した。天才は皆、個性的で、比類なき人たちだ。だから、共通項は少ない。

しかし、突き詰めていくと二つある。

それが、「閃き」と「努力」なのだ。

努力ではない。無理せず楽しんでいる

「閃き」は、自らを究極まで追い詰めた状況下にあって、その環境からふと意識が離脱した時、突然降ってくる場合が多い。

そして、天才は、努力を苦にしない。それどころか、楽しんでいる場合が多い。努力が報われることを知っているからだ。彼らの多くは、自らが繰り返す稽古や挑戦を「努力ではない。無理せず、楽しんでいるだけだ」と言う。

また、彼らは失敗を恐れない。それどころか、楽しめる。限界を超えた挑戦をし、失敗する。その繰り返しを経て、誰にもなしえない結果を生み出してきたからだ。

前述のエジソンは、こんな言葉も残している。「私は失敗したことがない。ただ、一万通りのうまくいかない方法を発見しただけだ」

これを負け惜しみと取るか、至言と取るのかは、結果次第だ。

つまり、エジソンには言う権利がある。

誰にでも「才能」はある

小説家になってからも、多くの「天才」と出会った。尤《もっと》も、自称天才に天才はおらず、当人は「至極当たり前の、誰にでもできることをしているだけ」とてらいなく言う。「天才」は、魅力的で、憧れの対象だ。

しかし、一般人は、自分と「天才」の間に、大きな隔たりを感じる。所詮、天才だから偉業をなしえたのであって、それを真似《まね》しようとするのはバカげている――と考えるのはきっと、その方が楽だからだろう。

的は射ているが、正解ではない、と私は思う。

なぜなら人にはそれぞれ、「その人にしかない才能がある」からだ。ただ、それに気づかないまま命尽きる人が多い。

自分は何のために生まれてきたのだろうか、と一度は考えたことがあるだろう。多くの場合は、挫折を味わったり、精神的に傷ついたりした時だ。

残念ながら、そういう時に「才能」は見つけられない。

なぜなら、「才能」とは、見つけるものではなく、無意識の行動や思考の中にこそあるものだからだ。

好きなことを、仕事にできればいいのに。

これをしている時だけは夢中になって時間を忘れる——。

これらは、人が自分の才能に触れている瞬間だ。

でも、ほとんどの場合人はそれに気づかない。気づく力を持っていないからだ。

そういう時、他人のエピソードが役に立つ。

その軌跡を辿《たど》って、成果を上げた「天才」のエピソードなら、尚良い。

そんな時、私は一人の「天才」と出会った。

圧倒的な独創性と信念を持ち、まさに自身の才能と使命達成を謳歌《おうか》している——。

絵に描いたようなイメージ通りの天才だった。

その人物との出会いは、多くの偶然が重なり、生まれた。

運命と呼ぶべきかも知れないが、私には必然の巡り合わせだったように思えてならない。

その人物こそ、ここで紹介する量子物理学者の古澤明《ふるさわあきら》だ。

古澤 明氏

古澤 明　Akira Furusawa

科学者
東京大学大学院工学系研究科物理工学専攻・教授
理化学研究所量子コンピュータ研究センター・副センター長

1961年、埼玉県大宮市（現さいたま市大宮区）生まれ
埼玉県立浦和高校から東京大学工学部物理工学科へ進学
東京大学大学院工学系研究科物理工学専攻修士課程修了

株式会社ニコン在籍中に研究員として留学したカリフォルニア工科大学で、決定論的量子テレポーテーション実験に、世界で初めて成功。アメリカの科学誌「Science」によって、1998年の〈世界の10大成果〉に選ばれた。また、このときの論文は、大ヒット映画「ジュラシック・パーク」の原作者である作家マイケル・クライトンによるタイムトラベルを題材にしたSF小説『タイムライン』に、参考文献として、古澤の名前とともに記されている。

【光量子コンピューター実現へのカウントダウン】
2013年　100万モード量子もつれ生成に成功
　　　　究極の大規模光量子コンピューター実現法を発明
2019年　大規模かつ汎用な量子計算が可能な量子もつれを実現
2020年　NTTと共同で光量子コンピューター実機実現に向けた
　　　　高性能量子光源の開発に成功
2023年　光量子コンピューターで「掛け算」に成功、実機を開発へ

学生時代は読書好きで、最も得意な科目は国語だった。面白いと思ったら、その著者の作品は全部読む。週末は鎌倉でウインドサーフィンを楽しんでいる。

第1章

光量子コンピューターか地球滅亡か

——確信の男、これしかない！を突き進む

インターネットをやめますか
それとも、地球を滅ぼしますか

初めて古澤明に会った日のことを忘れない。

二〇二〇年二月四日――。

シンガポールに日星《にっせい》共同のシリコンバレイをつくる――という小説『タングル』の構想に関心を示してもらったのを受けて、東京都文京区本郷の東京大学工学部を訪ねた。

世界最先端のコンピューター開発の現場だから、SF映画の舞台のような研究室をイメージしていたが、古澤の研究室は一九三九（昭和一四）年に竣工《しゅんこう》したコンクリート造りの建物の一角にあった。

薄暗い廊下を進みドアを開くと、壁際の本棚には専門書が並び、奥にあるデスクの上にはパソコン、手前には、打ち合わせ用のテーブルと椅子――理系文系問わず、過去に何度か訪問したスタンダードな大学の研究室そのものだった。

ただ一つ異なっていたのは、出迎えた古澤が放つ爽快なオーラだった。

「量子コンピューターについて、予習をされてきたと思いますが、まずは、それを全て捨てて話を聞いて下さい」

世界中の情報機関垂涎《すいぜん》の発信源と受信者を追跡できない無線技術、スパコンを凌《しの》ぐ演算力、そして、凄《すさ》まじい桁数の因数分解によって編まれた暗号を一瞬で解読する――。

それらの予備知識を全て、「捨てて聞いてほしい」と言うのだ。

「量子コンピューター、中でも光量子コンピューター最大の強みは、節電です」

未知の領域のエキスパートの取材は、冒頭から想定外の展開を見せる場合があるが、この時の古澤の言葉は、長い取材歴の中でも、一、二を争う驚愕《きょうがく》だった。

スパコンは、地球を滅ぼす!?

「日本が世界と競っているスーパーコンピューターは、とてつもなく電気を消費します。

スパコン一機当たり、百万キロワットの原発一基分が必要になる」

その電力消費の大半は、実際の演算などを行うために必要なのではない。

「古典コンピューター（従来のコンピューター）を猛烈に作動させると、心臓部《コア》が加熱される。そのまま放置しておくと、コアは溶けてしまい、使い物にならなくなる。

そのため、常時コアを冷やす必要があります。それに莫大《ばくだい》な電力を消費するんです」

たとえば、ノートパソコンを使用している時に、ファンの回る音に気づいたことはないだろうか。あるいは、側面から熱い空気が流れてきたことは？

あれは、コアを冷やすために小さなファンが回転しているせいだ。

それが、スパコンともなれば、巨大な冷却装置が必要となるのだろう。大量の電力を食うのだ。

「ＡＩを中心としたＩＴ化がどんどん進化すれば、スパコンの需要は、さらに高まる。結果として地球温暖化が加速します」

スパコン用の発電の全てを、原発で賄うというのであれば、温暖化に影響はないかも知れない。しかし、世界の潮流は、原発を減らしていく方向に動いている。それだけに、これ以上の原発建設は、現実的ではない。となると、ＩＴ社会の進化のためにスーパーコンピューターが必要だとすれば、火力発電所を動かさざるを得ない。実際問題、脱炭素社会の実現のためという理由で火力発電所をゼロにせよというのは、不可能な話だ。

故に、スパコンの増加は、地球温暖化を促進する可能性が高いということになる。

文明が進化する時、便利を手に入れる代償に、人類の生活が脅かされる場合がある。

それを顕著に表しているのが、公害だ。電化製品によって長時間の苦役から解放され、社会基盤を整えられれば、生活が安定し、健康促進も進む――という謳《うた》い文句の裏側で、大気を汚し、川や海に廃液を流し、大地に重金属や有害物質を捨ててきた。

このパラドックスが、公害を生み、深刻な被害を引き起こしてきた。

それでも人類は文明の進化という名の欲望を抑えきれない。それが、現在の地球温暖化問題を生み出したのだ。

その温暖化対策のために持続可能社会なる理想が世界の共通目標となり、脱炭素社会を標榜《ひょうぼう》する時代が到来した。だが、皮肉なことに、その社会実現のためには、今まで以上に膨大な電力が必要となる――。

「極端に言えば、スパコンは地球を滅ぼす。その現実を我々は正視しなければなりません」

人類が生きていくために必要なことをやっているだけ

量子コンピューターは、そのパラドックスを解消できる。それが、古澤が光量子コンピューターを研究する理由だという。

「量子コンピューターに、何ができるかが大事なのではなくて、現在の快適かつ豊かな生活を維持して、さらにもっと発展させたいと願うならスパコンを捨てて、量子コンピューターに替えるしかない」

古澤が取り組んでいる研究こそが、地球を温暖化から救う最大の鍵になる――。理路整然と述べる爽やかな口調と合わさり、彼の「常識」が、そのまま私の「納得」に帰結した。と、同時に、彼の視野の広さに感銘を受けた。

先端技術研究に取り組んでいる「学者」は、往々にして視野狭窄《きょうさく》に陥りがちだ。重箱の隅をつつき合うかのような競争に終始し、「この研究が、社会にとって、どう役に立つのか」という思考を見失う。

だが、古澤は、世界で熾烈《しれつ》な競争を続けながら、自らの研究の最も重要な点に、普遍性を持たせて語る。

面白い人だ。いや、とても賢い人だ。

「日本はずっとスパコンの世界一を競っています。それは私に言わせれば、地球の敵が誰かを争っているようなものです。でも、国家プロジェクトだから、莫大な電力消費や温暖化への影響など、誰も指摘しない。残念なだけではなく、とても危険なことです」

日本社会には、多数のタブーが存在する。

中でも、世界で覇権争いをしている国家プロジェクトを批判するなんていうのは、最悪のタブーだ。

尤《もっと》も、スパコンの覇権争いを批判した政治家はかつて存在した。だが、あの政治家は、「なぜ世界一にこだわるのか。二位でいいのでは」という的外れの指摘をして、嘲笑を買った。

重要なのは、「順位にこだわること」ではなく、「いつまでスパコンで莫大な電力を消費し続けるんだ」だったのだ。

「別に凄《すご》いことをしているわけじゃないんですよ。人類が生きていくために必要なことをやっているだけです」

古澤が挑んでいる地球を救う取り組みは、最近の言葉で言えば、コンピューターサイエンスに「パラダイムシフト」を起こすことだ。そして、それは、地球規模の社会基盤の「パラダイムシフト」を起こすことになる。

「パラダイムシフト」とは、当然と考えられていた考え方が劇的に変化することを指す。従来の価値観を捨てて、新しい時代を生み出すことだ。

社会に、「パラダイムシフト」という言葉は溢《あふ》れているが、劇的な規模でそれをなせる人は、皆無だ。

しかし、目の前に、それを成し遂げられる人物がいる。

初めての取材で、それを感じ、私は古澤明に魅《み》せられていくのだ。

【量子コンピューターとは】

量子コンピューターの実現可能性が注目を集めるようになったのは、1985年にアメリカの物理学者リチャード・P・ファインマンがその意義を説いたことに始まる。これこそ、古澤が量子コンピューターの研究開発を続ける最大の理由でもあるのだが、それは、従来のコンピューターとは異なり、量子コンピューターでは、計算処理に伴い排出される大量の熱エネルギーを理論上ゼロにできるということだ。一般的に量子コンピューターに期待されているのは計算処理速度の桁違いの速さであるが、さらに重要なのが、非常に低エネルギーでそれができるということなのだ。

量子コンピューターを実現する上で欠かせないのが「重ね合わせ」と「量子もつれ」という量子特有の非常に不可思議な現象だ。「重ね合わせ」とは、1個の量子において複数の状態が同時に存在している現象で、「量子もつれ」状態にある量子同士は、どんなに遠く離れていても強い相関を持ち、片方が受けた外部からの影響を、もう片方も瞬時に受ける。……このあたりで、もう、物理学（量子力学）を専門的に学んだことのない人間には言葉の意味を理解できているのかどうかさえ怪しくなるが、「こういうものだ」と素直に受け入れるだけでいいと古澤は言う。「量子力学が分かったと思う人がいたら、その人は量子力学が分かっていないのだ」という有名な物理学者の言葉もあるらしい。

量子力学とは、自然を記述する、一番進んだ言葉

古澤の専門は、量子力学だ。二一世紀に入ってから、この言葉を目にすることが増えた。だが、「量子力学とは何か」を答えられる人は少ないのではないだろうか。

たとえば『ブリタニカ国際大百科事典』では――。

〝分子、原子、原子核、素粒子などを基本として諸現象を扱う理論〟とある。一九〇〇年、マックス・プランクによって導入された量子説が、ニュートン力学や光電効果などの現象を解明したが、多くの矛盾を含んでいた。その後、ハイゼンベルクが行列力学、シュレーディンガーが波動力学を提案し、正しい量子理論を展開したようだ。

『広辞苑』では――。

〝分子・原子・原子核・素粒子などの微視的物理系を支配する物理法則を中心とした理論体系。一九二〇年代に完成。物理系の状態には線型空間内のベクトルを対応させ、物理量にはその上の演算子を対応させるという抽象的構造を持つ。不確定性原理を基本とし、観測値の予言は一般に確率的に与えられるが、状態の時間的変化を記述するシュレーディンガー方式は因果的である〟と書かれている。

物理学に精通していれば、至極当然の解説かもしれないが、私には日本語とは思えない。だが、古澤にかかると、この難解な理論が、一気にシンプルかつ理解可能な領域に戻ってくる。

物事の状態を考える学問

「一言で言えば、量子力学は、人間の直感の範囲外の状態です。もう少し分かりやすく言うと、人間がその物体を認知するのは、大抵視覚的なものです」

たとえば、暗室の中で目の前に、ライトが当てられたサッカーボールがある。ライトを消しても、サッカーボールは「そこにある」。再びライトをつけると、先ほどと同じ位置に、サッカーボールがある。

ところが、これがミクロの世界になると、話は変わる。サッカーボールではなく水素原子が一つここにあるとする。水素原子の直径は約一オングストローム。一オングストロームは、〇・一ナノメートル（つまり、一〇〇〇万分の一ミリ）だ。

「光を当てると、どうなるか」という問いも、ミクロの世界になると、光源から光の粒子であるフォトン（光子）が放たれて、それが対象にぶつかり、その跳ね返りを視覚が感知する――という捉え方をする必要がある。

つまり、微細な水素原子の場合は、フォトンとの衝突によって、元あった場所から動いてしまうのだ。

このように、ナノの世界になると、人間が五感で感じる直感的な感覚では、事象を語れなくなる。

「量子力学の世界では、何事も非決定論的になります。特に光を当てるというような『観測』を行うと、変化が起きる可能性がある。なので、量子力学では、『位置と運動量は同時に決まらない』、つまり不確定性原理となります」

それを言い換えると、量子力学とは、「物事の存在ではなく、状態を考える学問」となるらしい。

自然界で起きている状態を理解するために必要な〝言葉〟

「量子力学というのは、自然の状態を記述する学問です。私は、人間が生み出した中で一番、進んだ言葉だと考えています」

たとえば、量子力学を説明する時に必ず引き合いに出される「シュレーディンガーの猫」のパラドックスがある。「シュレーディンガーの猫」とは、思いきって単純化して言うと、箱の中に猫と毒ガス装置を入れた状態で放置した時、観察する（生死の確認をするために、箱を開く）まで、猫は、生きているとも、死んでいるとも言えるのではないかという思考実験だ。それを「重ね合わせの状態」と呼ぶ。

「生きた猫と死んだ猫の状態が重ね合わされてるってどういうことなのか。直感的には理解できないかもしれないのですが、自然界にはそういう状態があって、その自然を記述する言語が、量子力学なんです」

人間というのは、厄介な生き物だ。

脳が「納得」しない限り、理解しない。その基準となるのは、自身の体験が一番で、次はそれに匹敵する「証拠」だ。

たとえば、幽霊の存在。自分が見ていない限りは信じないが、幽霊が映っている映像があれば、「もしかしたら」と思うようになる。

だが、大抵は、本人が持つ「常識」が判断する。猫が生きていて死んでいる、などという「常識」に合わない話に混乱する私に、古澤はこう言った。

「言葉自体の解釈には意味がない。『私は』と話す時の『は』は、なんで『は』なのかを考える必要はない。量子力学的には、『重ね合わせの状態』が、自然界には存在する、としか言いようがないんです」

つまり、量子力学を知るまで、我々は自然をちゃんと理解できていなかったということだ。

「人間が直接アプローチできる範囲が、目で見るなど、五感で感じ取れる限りに収まっていたので、真には理解できていなかったことが、自然界には無数にあった。

ところが、二一世紀に入って、原子一個を見ることができるようになり、これまでは見たことのなかったナノの世界を知ることになった。そこで起きていることを初めて知ったというわけです」

それが、たとえば、前述した、光を当てた時のサッカーボールと水素原子一個の、「動かない」「動く」という差になる。

人類が、自然の本質を知る機会を得た

産業革命以来、科学技術は加速度的に進化してきた。人々の生活に変革をもたらすような発見・発明が相次ぐ一方で、微細な世界への探求も深まり、生命の神秘も少しずつ解明されていった。その度に、人類はそれまでの価値観や常識を捨てることを迫られた。そうしないと、新しい科学が導き出した現実を、理解できなくなる事態に陥った。

二一世紀の今は、もはや限られた専門家を除けば、社会を機能させているツールのレベルですら、理解不能になっている。

量子力学は、その最たるものだ。

「確かに科学技術の進化は凄まじいが、我々人類は、地球上の森羅万象を、今まで自分の知識の範囲で分かった気になっていたに過ぎない。物理学を突き詰めていくことで、自然の状態を理論的に定義づけられるようになりました。

だから、これは科学の進化であると同時に、ようやく人類が、自然の本質を知る機会を得たというひとつの成長とも考えられます」

自身の研究分野を難しく考えず、自然への探究心として進む――。

とはいえ、それだけでは誰もなしえなかった発見や研究成果は生まれない。

その過程には、古澤の一人の人間としての力と物理学者としての才能が融合する瞬間が何度もあったにちがいない。

彼が挑んできた、また、今も挑み続けている「当たり前のことをやりながら負けない闘い」とは何かを掘り下げていく。

【シュレーディンガーの猫】

中が見えない箱の中に猫を１匹入れる。同時に、その箱には、放射性元素が崩壊して放射線が出ると有毒ガスが発生する装置が仕掛けられる。箱の中の放射性元素はいつ崩壊するか分からない。外から確認することはできない。確認をするためには箱を開けるしかない。つまり、箱を開けて確認するまでは、放射性元素が崩壊している状態と、崩壊していない状態が〝重ね合わされて〟いることになる。猫の生死は、放射性元素が崩壊して毒ガスが発生するかどうかとつながっているので、猫もやはり生きている状態と死んでいる状態が〝重ね合わされて〟いるということになる。

しかし、実際のマクロな世界では「生きていて死んでいる」状態などあるはずがない。量子力学上の「重ね合わせ」を猫のような古典力学に従ったマクロなものに当てはめた場合矛盾が生じるのではないか、という疑問を呈したのがオーストリアの物理学者エルヴィン・シュレーディンガー（1887－1961）であった。

量子の世界では、二つの相容れない状態が重なり合っているという状態が現実に起こっている。いくつもの「状態」の可能性（＝存在確率）が重ね合わされていて、人間が観測した時に初めて「状態」が決まるのだという。なぜなら、観測することで外界からの影響を受け、一つの状態に収束するからだ。これまた、分かったような分からないような話ではあるが、「観察した時に初めて決まる」というのは、感覚的には納得できるような気がする。

着手した時には予想もできなかった凄いことが起きるのが、研究

日本では、研究開発という熟語があるように、研究と開発はセットだというイメージを持たれている印象がある。

「研究と開発は、まったく違います。ゴールを設定して、それに向かって一直線に進むのが開発。

研究は、未知の要素が多く、最終的にどういう結果になるかが予測できない。とにかく前に進むしかない。極端なことを言えば、研究は明日の計画さえ立てられない場合がある」

開発は、着手する時から、目標とする成果物を完成することが前提だ。そのため、予算もそれなりに得られる。しかし、設定された期限までに結果を出すことが必須となる。開

発途中での試行錯誤も、その先の結果のためでなければならない。

一方、研究は仮説を立て予想した上で、プランニングをするわけだが、結果は実験してみないと分からない。そもそも想定していた結果が出ない場合が多い。だからこそ、研究するわけだ。

重要なのは結果ありきの発想ではなく、実験で得られた結果から、次の仮説を立て、また実験する柔軟性と継続性だ。

だから、古澤が言うように「どこに進むか分からないし、明日何をするのかは、今日の実験結果次第」となる。

研究には「失敗」がない 全てが「成果」

実験成果が想定からズレていれば、開発の場合、それは「失敗」であり、「やり直す」必要がある。

しかし、研究では、想定が外れたことも重要な「成果」であり、「失敗」ではない。

開発と研究の、この違いを理解している人は少ない。たとえば、大学の研究室に科研費（科学研究費）を助成している文部科学省は、二言目には「成果を上げよ」と言うが、研究にそんなものを安易に求めてはいけないのだ。

とはいえ、「社会の役になんて立たなくていい。ただ、面白いから研究している」というのも、現代社会の研究者のスタンスとしては、是認しにくいものがある。

社会や科学技術の進化に直接貢献しなくても、自分が続けている研究が、何らかの形で、社会に寄与するものである、という説明責任は必要だろう。

ただ、それにこだわりすぎる必要はない、と私は思う。なぜなら、プロの研究者が挑んでいるのは、「未知の分野を解明すること」だからだ。

つまり、誰もやったことがない、あるいは謎として残されていた部分を解明すれば、それは科学に対しての一つの貢献となるからだ。

だが、費用という問題がある。

前述したような研究のプロセスを考えると考え得る限りの様々な試行錯誤があってこそ、より良い成果を上げる可能性が高まる。そのための実験費用をけちりたくない。にもかかわらず、国内の研究者の多くは、研究予算不足に苦しんでいる。

それは、アメリカのカリフォルニア工科大学《カルテック》で、光量子コンピューターの研究で世界的な成果を上げ、東大で研究室を持った古澤も同様だった。

世界一を目指す意味
分かりやすい言葉の魔力

古澤が東大で助教授に就いたのが、二〇〇〇年。

この頃、量子コンピューターの開発は、超伝導を利用したものが世界をリードしており、ＩＢＭやＧｏｏｇｌｅが莫大な研究予算を組んで「開発」していた。

光量子についての研究がどのような成果を上げられるのかについては、未知の部分が多かった。

その時、古澤が打ち出した指針こそ、その後の彼の快進撃を支えるものとなった。

「世界が求めている分野で、世界一を目指す」

同時に古澤は、彼の研究が、いかに世界に必要なものかをアピールする「言葉」を持った。

「やる以上は、一番でなければ意味がない。誰にも負けたくないという私の性格もそれを求めていた。だから、光量子コンピューターで、世界一を取ると決めたんです」

さらに彼は、「光量子コンピューターは地球を救うために必要なんだ」という、誰もが理解できる「言葉」で、自身の研究の重要さを訴えた。

古澤は結果だけを追い求める「開発」には進まず、あくまで研究者として、光量子コンピューターを極めていく。

「一足飛びに実用化できるわけがなく、その最終ゴールに至るまでに、越えていかなければならない課題がたくさんあります。それを、順番に解決していく。

たとえば、三年先の課題克服というプロジェクトを組んで研究を始めるわけですが、実験を続けていく過程で、様々な成果が生まれます。

プロジェクトを始める時には、まったく予想もしていなかった成果が得られる場合もある。三年後には、スタート時にはまったく考えつかなかったような凄いことができているっていうのが、研究なんです」

この課題克服のプロセスで生まれる成果については、学術誌《ジャーナル》などでしっかりと発表する。すると、量子コンピューター実現の可能性が少し上がる。

それに期待する投資家や関連企業が投資や寄付をする。それによって、文科省の科研費だけでは足りない研究費を得ることができる。

費やした時間が成果を上げるわけではない
研究は、「非線形」だから面白い

研究費を多く集めることが必要だとはいえ、「金儲《かねもう》けのため」の研究に堕しないストイックさが、古澤にはある。だから、無理に成果を求めるようなことはしない。

「研究は、いくら時間をかけてもまったく進まない時期があります。ところが、ある日突然、何かの拍子に、ポン！　と発明や発見が生まれる。それが、研究の醍醐味《だいごみ》です」

ずっと越えられなかった壁を、ある日気がつくと、越えている。ずっと解けなかった問題の答えを手にしている。

「明日何が起きるか分からないのが、研究なんです」

古澤は、研究も仕事も、「非線形」なのだという。

「非線形」とは、力と変形、応力とひずみの関係が比例関係にない状態をいう。

逆に、比例関係だと「線形」と呼ばれる。

時間をかければ、必ず成果が上がるのであれば、それは「線形」（比例）ということになる。

しかし、仕事も研究も、それほど単純なものではない。生産ラインなど製造の現場なら、時間を費やした分、それに見合った生産物ができるわけだが、研究は、そうはいかない。百時間かけても何の成果も上がらない時もあれば、逆にたった一時間で、「成功」することもある。

勝利の方程式は存在しない
焦らず、何かが充ちてくるのを待つのも研究

成果が上がる時、そこには何が働いているのだろうか。

たとえば私の場合なら、納得できる原稿が書けるのはどういう時か。

取材やリサーチなどを行い、しっかり準備し、事前に何度も脳内でイメージトレーニングをして、「書きたい！」と思う気持ちを高めていく。けれども暫《しばら》くはその気持ちを抑え込んで、爆発力を溜《た》め込み、満を持して書き始める——。

こういう時、良い結果が生まれる場合が多い。但《ただ》し、この爆発力が全身に漲《みなぎ》るまでに、いったいどれだけの時間が必要かは、ケース・バイ・ケースなのだ。

だから、焦らずに、脳や体が「スタートＯＫ！」と告げるまで我慢する。

この出現のタイミングは、確かに「非線形」で、勝利の方程式は、存在しない。

研究と同じだ。

その共通点に気づくと、「非線形」というのが、偶然の産物でも、我慢の法則でもないのが分かる。

古澤が会話の中で何度も口にしたある言葉の意味も、腑《ふ》に落ちた。

古澤には、変わらぬルールがある。

それは、負ける勝負はしない——だ。

【光量子コンピューターとは】

量子コンピューターで実際に計算処理を行う際に必要な情報単位は「量子ビット」と呼ばれる。従来のコンピューターで使うビットが「0か1」のどちらかで情報を表すのに対し、量子ビットは「0でもあり1でもある」という重ね合わせの状態を持つ。古澤の研究対象である光量子コンピューターの最大の特徴は、量子ビットとして光速で飛行する光子（フォトン）を使っていることだ。実用面における最大の長所は基本的には二つ。一つは、室温・大気中でも動作するので巨大な冷却装置や真空装置が不要であり、実用性が高いこと。もう一つは、光は空間を光速で移動するため、情報通信にもそのまま利用できることだ。さらに、桁違いの情報処理能力を持つので、従来の性能限界をはるかに超える容量の通信を可能にする。

光量子コンピューターを支えるもっとも基礎的な技術となるのが、「量子テレポーテーション」であるが、1998年に世界初の完全な量子テレポーテーションの実験に挑み成功させたのがカリフォルニア工科大学（カルテック）時代の古澤たちのグループである。この成果は科学論文誌『Science』による1998年の十大成果の一つに選ばれている。

第2章

負ける勝負はしない

――挑戦と無謀は違うことを知れ

一番を目指さないと面白くない
中途半端な気持ちでは、楽しめない

古澤は、「研究は趣味で、本職はウインドサーファー」だと言って憚《はばか》らない。

日本にいる時は、休日は必ず鎌倉・湘南《しょうなん》の海まで、ウインドサーフィンにでかける。レベルはプロ級だ。

子どもの頃に始めた水泳を皮切りに、テニス、競技スキー、そして、ウインドサーフィンというスポーツ歴を持つ彼は、一貫して「一番」にこだわってきた。

「家族の影響で始めたものが多いですが、やる以上は誰にも負けたくない。これはもう性分ですね」と古澤は笑うが、無論、負けたことがないわけではない。

「負けると悔しいでしょ。負けた相手に次は勝ちたいと思う。勝つまでやれば絶対勝てるんです。そのためには、敗因を突き詰めて分析し、徹底的に対策を練り、練習もそれまでの倍、やる。それが楽しいんです」

何事においても常にベストを尽くす。そして、勝つために、一番になるために必死になることを厭《いと》わない。

「中途半端な気持ちで何となく楽しむのは、性に合わない。やる以上、トップを狙わないと、楽しくないじゃないですか」

それも性分と言ってしまえば、それまでだが、古澤の場合、ちゃんと成果を上げるから、発言に説得力がある。

テニスが開いたアメリカでの親交

テニスでは、面白い逸話がある。

「カルテックに留学してしばらくは、言葉の問題もあって、なかなか馴染《なじ》めなかった。そんな時、コミュニケーションのきっかけとなったのが、テニスでした」

古澤の指導教授だったジェフ・キンブルは、大のテニス好きだった。

「カリフォルニアではテニスをするというのは、真剣勝負のシングルスの試合をすることなんです。しかも、大抵の人は、同レベルか格上の相手とゲームをやりたがる。私もテニスには自信があったので、ジェフとテニスを通じて親しくなれないかと考えました。

それで、まずは腕試しに、そこそこ強いと言われていた教授と対戦しました」

いきなり指導教授とやらないのが面白いところだが、その教授に対して、古澤は、6－0で圧勝する。さらに、もう一人、その教授より強いと言われていた教授も、6－0で下した。

「この結果を聞きつけて、ジェフが、アキラ、テニスをやろうと言ってきたんです」

バスケットボールの奨学金で大学に進学したほどのアスリートのジェフ・キンブルは、さすがに強かった。

それでも、研究室内で、古澤ほどジェフと互角で戦える相手はいなかった。

「テニスのお陰で、教授との距離は、一気に縮まりました」

何事も、全力でぶつかり結果を出す

こういうアプローチを、「戦略としてやったわけではない」と古澤は言うが、コミュニケーションを図るきっかけとして、共にスポーツをするというのは、実際、大変有効だ。フィールド上では、年齢も階級もない。一人ひとりがプレイヤーとしてベストを尽くすだけだ。同レベルのプレイヤー同士は相手へのリスペクトを持つようになり、職場だけの付き合いでは得られない深い親交も可能になる。古澤は、まさにそれを証明したのだ。

とはいえ、それは古澤にテニスの実力があったからだ。

何事にも、全力でぶつかり結果を出す。

この姿勢は、スポーツでも、研究でも変わらない。

「本職は、ウインドサーファー」と豪語できる実力

実際、古澤がウインドサーフィンをしている湘南・鎌倉の海に出かけてみて、「何でも一番じゃなきゃ気が済まない」というのを見せつけられた気がした。

古澤のウインドサーフィンは、ウェイブライディング（波乗り）にこだわっているのが特徴だ。

ウインドサーフィンは、風を受けた帆（セイル）とボードで水面を滑走するというスポーツだ。ウインドサーファーたちは、波のパワーに加え、風を推進力にして、セイリングを楽しむようになる。

それがやがて、高度で高速なウェイブライディングへと進化した。

また、サーフィンでは難易度が高いエアリアル（ライディング中に空中に飛び出すこと）が容易かつ過激に行えるようにもなった。

湘南のビーチでウインドサーフィンを楽しむのは若者が圧倒的に多いが、その中にあっても古澤のライディングは、遠くから見てもはっきり見分けがつく。ひときわ、カッコいいのだ。

「この浜で一番上手ではないが、上位には入る」と彼が言うのは、決して誇張ではない。

きっかけはある天才スラローマー

古澤がウインドサーフィンを始めたきっかけが、また面白い。

両親の影響で、子どもの頃からスキーを楽しんでいた古澤は、大学入学後は「本気でスキーをやりたくなって」競技スキーの世界に挑んだ。

アルペン競技の回転や大回転のレースに参戦していたという。

「当時、スキーヤーとして憧れたのは、スウェーデンのインゲマル・ステンマルクでした。本当にカッコよくて、とにかく勝負に強かった」

アルペンスキー・ワールドカッ

鎌倉の海にて。
刻々と変化する風を読み、波を楽しむ

プで積み上げた通算八六勝は、現在でも歴代ダントツの第一位。「帝王」と呼ばれたステンマルクの一九七〇年代から八〇年代にかけての活躍は、今なお語り草になるほどだ。

私も、小学生の頃に叔父に誘われてスキーを始めた。あまり上手にはならなかったが、テレビで放映されるアルペン競技の世界大会は、必ず見ていた。

私と一歳違いの古澤が憧れたステンマルクを、私も強烈に記憶している。今、当時の映像を見ても、彼のスラロームには、まったく無駄がない。ポールを縫うようにして最短距離を通過する、そのなめらかでシャープな体の動きは、いつまでも見飽きない。しかも、物静かなジェントルマン。そこに帝王の風格を感じたものだ。

当時、アルペン競技は、フランスやイタリア、オーストリア、アメリカの選手が常勝していた。その中で、北欧のスウェーデンの選手として只《ただ》一人、トップランカーとして君臨したステンマルクは、「孤高のスラローマー」などとも呼ばれた。

当時のスウェーデンには、圧倒的な強さを発揮して君臨した一匹狼《おおかみ》のアスリートが二人いた。テニスのビョルン・ボルグとステンマルクだ。同い年の二人は、世界中のファンを魅了した。長い前置きとなったが、スキーに夢中だった古澤がウインドサーフィンを始めた理由を、彼はこう述べている。

「ステンマルクが、トレーニングのために、夏場はウインドサーフィンをしていると聞いたからです」

憧れのアスリートを目標に

古澤には、憧れの選手や人が多い。

共通するキーワードは、「カッコいい」だ。ステンマルク、テニスのジョン・マッケンロー、さらには野茂英雄《のもひでお》や大谷翔平《おおたにしょうへい》など、年下のスーパー・アスリートたちの活躍にもエールを送り、「彼らのようになりたい」と半ば本気で思っている。

後述するが、大学時代に憧れの教授から受けた影響が、その後の古澤の進路を決めたこともあった。

「憧れの人がいるというのは、大切だと思います。あんな風になりたいという目標ができますし、年を経ていくと、あんな凄《すご》い若者がいるんだから、自分も頑張らねば、と気合いを入れられますから」

取材をしていて面白かったのが、憧れの人として彼が名を挙げるのが、自分の研究分野とは別の世界の人たちばかりだったことだ。

それは、師匠のような教授ですら、古澤にとっては負けたくないライバルだったからなのか。それとも「本職はウインドサーファー」と言うほどのアスリートだから、アスリートの活躍にばかり目が行くのだろうか。

楽しくて負けないことしか興味がない

大学時代に、スキーのトレーニングのために始めたウインドサーフィンを六〇代になった今でも続けているのは、古澤には、彼特有のこだわりがあるからだ。

「私は、得意なことしかしません。不得手なことはしない。自分に向いていないと感じたら、それ以上はやりません」

つまり、ウインドサーフィンを始めた時に「これは自分に合っている」と感じたのだ。

さらに「これなら、一番を目指せるほど上達できそう」だと思ったのだろう。

得意なこと、一番になれそうなことだから「飽きないし、ずっと楽しく」ウインドサーフィンを四〇年近く毎週、楽しんでいるのだ。

古澤のこのこだわりは、大好きだったテニスを「最近やめた」理由にも窺《うかが》える。

大学の体育会のテニス部に所属する長男が、部長に就任したことを知って、

「もう息子には勝てないと思いました。父親たるもの、息子に負けるわけにはいかない。だから、潔く引退しました」

まさにブレない男の象徴的逸話だ。

ウインドサーフィンの方は、若者より上手に波に乗れている自信があるから、続けていられるのだという。

ちなみに、「勝てない勝負はしない」から、麻雀《マージャン》はやらないそうだ。

【ステンマルクとウインドサーフィン】

インゲマル・ステンマルク。1956年3月18日生まれ、スウェーデン出身の回転及び大回転スキーヤー。18歳でのデビュー戦以来、引退する1989年までにワールドカップで通算86勝の他、1980年のレークプラシッド冬季五輪では回転、大回転ともに金メダルを獲得するなど史上最強のスラローマーと呼ばれている。

今回、インターネットで過去の記事を検索したところ、1980年にステンマルクのインタビューをしたという人のブログと当時の記事の画像を見つけた。その中で、ウインドサーフィンをやっている写真とともに、ステンマルクはこう語っている。

「スポーツはどのようなものでも共通点があり、ボク自身スキーのトレーニングの一つとして一輪車やサーフィンをやっている」

ウインドサーフィンはバランス感覚と体全体を使うのでスキーには適したスポーツだと言っていたらしい。

1961（昭和36）年生まれの古澤が読んだのがこの記事なのかどうかは分からないが、大学生の頃に父親が茅ヶ崎にある会社に転職することになり、「ウインドサーフィンができる！」と喜んだ。

頑張ろうと思ったことがない 我慢するなら、やめたほうがいい

「頑張ろうと思ったことがない。それは苦しそうですから」

元々、「頑張る」とは、「眼張る」が語源だと言われている。「眼《め》を見はるほど気合いを入れる」という意味から、現在の「頑張る」の意となった。

つまり、「頑張れ！」とは、「思いっきり気合いを入れよ」という叱咤《しった》に近い意味となる。

そう考えると、古澤の言う「頑張ろうと思ったことがない」の意図が見えてくる。

つまり、無理をして辛《つら》いことをやることはない――そう言いたいのだろう。

一方で、彼はこう話す。

「若い世代に、もっと楽しめ、とハッパをかけると、『楽しいことが、何も見つからない』

という嘆きが返ってくることがある。

それは、突き詰めるまで没頭したことがないからだと思う。何をするにしても、最初から上手《うま》くはできない。それでも楽しいと思えるのか。あるいは、最初の壁はクリアしたけど、楽しいと思えないこともある。少なくともそこまで待ってから、やめるかどうかを決めてほしいと思います。

いったんはとことんやってみるというのも大事なんです」

結局は、何事も慣れるまでは、辛くても我慢して頑張れという意味ではないのか、という反論が聞こえてきそうだ。だが、そうじゃない。

「我慢してやる必要はありません。やめればいい。我慢が必要なのは、その人に合っていないということです」

「没頭して突き詰める」ことと、「我慢して頑張る」ことは、まったくの別物なのだ。

飽きもせず没頭する経験が重要

「子どもたちを見ていると、飽きもせず長時間、ゲームに没頭していますよね。楽しくて夢中になっている。

でも、そうなるまでには、ルールを覚え、テクニックを身につける時間があったはず。もしもそこで挫折していたら、ゲームが楽しいかどうかの判断はつかないじゃないですか」

私自身はゲームをしないが、大人でも、ゲームをやり始めると時間を忘れる人が大勢いる。長時間労働は辛いけれど、ゲームでなら、徹夜ができる。その差は、「楽しい」と思えるかどうかに尽きる。

「ウインドサーフィンをやるぞと決めても、すぐにボードの上に立つことなんてできません。何度もひっくり返って、海に落ちる。それを面白いと感じられると、続けられる。慣れてきて、ちゃんと立てた時の感動を味わうと、練習が、どんどん楽しくなる」

この塩梅《あんばい》は、なかなか難しい。そもそも最近は、若者に限らず、辛抱が足りない人が多い。

手順やルールを覚えることを面倒くさがる。楽器を演奏したいと思って始めてはみたものの、数日で「これは、合ってない」と放り出す。

無論、苦痛ならやめればいいと思う。しかし、少しずつ慣れていく過程を楽しむことを学んでほしいとは思う。

古澤の言う「突き詰めて没頭してみないと、楽しいかどうかは分からない」というのは、そういう意味だろう。

「スポーツでも、研究でも、勝利や成功が続くから楽しいわけではない。負けても失敗しても、取り組んでいる間、夢中になって、時間を忘れているようなら、それは、その人に合っているのだと思います」

取り組んだ時に「苦しい」と感じるものは、自分に合っていないということだから、別のことをやるほうがいいという古澤のアドバイスには、私も同感だ。

飽きた経験がない

「自分が熱中していることに、これまで『飽きた』ことはありません。スキーは五〇年以上続けていますが、一度も飽きたことはない。ウインドサーフィンもない。学問でもありません。尤《もっと》も、面白くなくなることはあるかも知れない。その時はやめると思います」

この「飽きる」「飽きない」の意味は、モチベーションの維持の話だと捉えたい。

他人から「よく、そんな同じようなことばかりして飽きないねえ」と言われるような趣味や好きなことはないだろうか。

たとえば、鉄道ファンの、あの情熱。

興味のない人からすれば、特急電車の違いなんて気にならない。たまに珍しい車両を見かけたら、ちょっと嬉しくなる程度だ。しかし、鉄道ファンは、同じ特急「雷鳥（現サンダーバード）」でも、時代や形式の違いを楽しむ。見たことのないタイプを見つけた時にはもう「大事件」で、その違いや変化を追うことに飽きる人はいない。

仕事もそうだ。

長年同じ仕事を続けている人の多くは、「なぜか飽きないんだよね」と言う。

私自身、小説家の看板を掲げて、既に二〇年近くになるが、書くことにも読むことにも、まったく「飽きない」。それどころか、日々様々な新しい発見があって楽しい。

無論、締切に追われて、寝る時間さえ惜しむ場合も多いし、狙い通りの面白さをひねり出せず、苦悩することはある。だが、それらを含めて、楽しいのだ。

楽しく没頭すれば、燃え尽きない

好きなことを突き詰めていくと、次々と新しい興味や課題が浮かんでくる。目標を達成した瞬間、次の目標が現れる。だから、やめられないし、新たな闘志も湧く。何十年も現役を続けているアスリートや芸術家が、「どんどん課題が見つかる」と語るのも、あながち謙遜ではないのだろう。

本当に何かに没頭している人は、だから、「燃え尽きる」こともない。

燃え尽きてしまう人は、達成したい目標が、売上何億円突破！　とか、五〇歳までに部長になる！　といった定量的な場合が多い。だが、人生の目標は、定性的な方がいい。古澤流の「いつまでも楽しければいい」というのは、定性的なのだ。

だから、「飽きない」、燃え尽きない。

私の場合も、小説家に「なる」のが目標ではなかった。小説家になって書きたいこと、伝えたいことがたくさんあった。一つ、それを実現させると、その倍ぐらい、新しくやりたいことが生まれる。そして、その間中、ずっと楽しんでいる。

【就活の心得】

何かに没頭して楽しむという発想は、就活の時にも、とても重要だ。

就職情報誌などで、就活生に「就職の心得」を尋ねられた時には、こう答えるようにしている。

「何になるかではなく、何をやりたいかで就職先を選べ」

今の若い世代には「いい会社、ランキング一位の会社に就職すれば幸せになれる」「高収入の会社に入れれば成功だ」と考えている人が多いが、そんなのはまったくの幻想だ。それよりも「何をやりたいか」が大切で、それさえ分かっていれば、そこに向かうためのアプローチはたくさんある。一つの道が閉ざされたとしても、別の道がある。自分で選んでいけばいい。

この「選ぶ」という意識が非常に重要で、就活を「企業から選んでもらう」イベントだと考えているようではダメだ。自分自身が、やりたいことを実現するために選ぶんだということを忘れてはいけない。

誰もやらないことに挑戦する意味
「暴挙と挑戦っていうのは違うんですよ」

何かに没頭して夢中になることの楽しさに、ヒリヒリするようなリスクが加わると、人は「生きてる！」と実感する。

「ウインドサーフィンで、海に出ている間、ここでミスすると死ぬかも知れないとヒリヒリすることがあります。その瞬間、『生きてる』って実感します」

スキーで、急斜面のアイスバーンを滑っていて、「命がけ」の局面があった時にも、同様の感覚を持つという古澤だが、この感覚には、少し説明が必要かも知れない。

どんな天才にも限界はある。大リーガーの大谷でも、一七〇キロの速球は投げられないし、羽生結弦《はにゅうゆづる》でも、五回転ジャンプはできない。

しかし、その限界を超えようと練習を重ねるから、新しい記録が生まれるのだ。

古澤が、「一番でないと意味がない」と常にトップを目指すのも、限界を超えようと挑まなければ、人は進化しないと分かっているからだろう。

限界への挑戦は、時に命がけになる。しかし、その瞬間、アドレナリンは爆発し、高揚感に包まれる。

それを、古澤は「生きている」と実感しているのだ。

これは、アスリートの世界だけではない。締切間際に、ものすごく集中して、普段なら到底書けない枚数の原稿を書いている時は、私もアドレナリンが爆発している。

あるいは、記者時代、誰も知らない情報を手にして、それを記事にするために、寝る時間も惜しんで取材している時、やはり「生きてる！」と実感したものだ。

「追い詰められると強い」と自負する人が多いが、あれも同じ現象だ。

だから、古澤は挑戦を続ける。研究室の学生や研究者たちにも「挑戦を楽しめ！」とハッパをかけるのだ。

最高峰に挑むには、挑戦権がいる

「きっと多くの人は、挑戦の意味を勘違いしている」

限界を超えろ！　挑戦をやめるな！　という姿勢を忘れない古澤の言う挑戦の意味とは何なのか。

「たとえばエベレストに登るというのは、命がけの挑戦です。それを、ある日突然、素人が麓《ふもと》から登ろうとするのは、挑戦ではない。それは、無謀です」

世界最高峰のエベレストには、誰もが登れるわけではない。登山家としてのトレーニングや経験を積み、しっかりとした装備を準備し、プロのサポーターを揃《そろ》えて初めて挑戦できる。

つまり、挑戦するためには、資格が必要だということだ。

分かりやすい例を挙げると、プロボクシングの場合、チャンピオンに挑むためには、まず、挑戦権を獲得する必要がある。

プロボクシングで、チャンピオンに挑めるのは、体重別の階級で、上位一二位（これは、管理団体によって若干異なる）までにランキングされている選手に限られる。

ランキング入りするためには、同レベルの選手同士のファイトで勝ちを重ねて、徐々にポジションを上げ、上位ランカーに挑んで勝利を収める必要がある。

もし、誰にでも挑戦権があって、チャンピオンと対戦できるとしたら、たった一発のパンチをチャンピオンから食らうだけで、死に至る可能性もある。ランキングを上げていくというのは、単に順位を競うだけではなく、打たれ強く、また、相手に打ち克《か》てるだけの体をつくるプロセスでもある。

何かに挑む時には、その「挑戦権」を得るまでの研鑽《けんさん》が必要なのだ。

多くの人は、自分の「限界」を知らない

だから、「限界を超えよ」という言葉も、正しく理解する必要がある。なぜなら、多くの人は自分の限界を知らないからだ。

古澤が「自分を突き詰め追い込むところまで没頭して初めて、楽しさが分かる」と言っているように、「限界」とは、体験しない限り絶対に分からない。

自分を鍛え、考え得るベストを尽くしても「超えられない壁」が出現する。それが、最初の限界なのだ。

しかし、最初に現れる「限界」は、大抵は「超えられる」。なぜなら、それを超えている人が、大勢いるからだ。

ボクシングでいうならランキング一二位以内どころか、ようやくプロボクサーとしてリングに立てるレベルというところか。

大事なのは、最初の限界を超えるまでの練習が楽しかったか。そして、限界を超えて、もっと高みに！　と思えるかどうかだ。

もちろん、まだまだ最高峰には挑めない。そこに至るためには、徹底した基礎力と鍛練し続ける持続力、問題が発生した時の対策を考える能力、さらには順応性も求められる。

「たとえば、大学受験のために、必死で勉強しますよね。私も頑張りました。それは、まさに基礎体力をつけるために必要なことです。それ自体は特に楽しいわけじゃないけど、そこで体力を蓄えないと、大学に入ってから、いろんな挑戦のスタート地点に立てない。そう思うと、苦にならない」

では、古澤が考える挑戦を、もう少し分かりやすく伝えてもらおう。

成功確率が九〇%ないと、挑戦しない

「エベレスト登頂に挑戦するなら、まずベースキャンプまで登り、一次キャンプ、二次キャンプと順に進み、五次キャンプまで登ったら、ようやく、そこに拠点をつくり、山頂を狙うわけですよね。挑戦権はその五次キャンプに至ることができる人だけが持てる」

そして、天候を睨《にら》みながら、晴れた時にアタックする。タイミングやコンディションが良ければ、登頂に成功する――。

「勝てない勝負しかしない、とはそういう意味です。つまり、五次キャンプまで着実に登ってきた。まだ若干の不確定要素はあるにしても、九〇%の成功確率があると判断できるから、チャレンジするんです」

大した登山経験もないのに、エベレストに登ろうとか、ベースキャンプも設置せずに、強引に登り続けるようなことはやらない。

「それは、暴挙です。挑戦とは呼ばない」

古澤は、はっきりと断言する。

つまり、彼は「一か八か」の無謀な冒険はしないということだ。

「挑戦とは、緻密に計画を立てて、あらゆる準備をして、成功確率が九〇％を超えてからやるものでしょう」

天候が順調なら、九〇％登頂できる状態であっても、実際に成功する確率は、はるかに低い。しかし、そこまで準備ができていれば、たとえ登頂できなくても、いったん第五キャンプまで戻って、次の再チャレンジを狙えばいい。

その説明を聞いて、古澤の言う挑戦の意味と重さを知った。

そう言い放つ古澤の研究も、準備万端を整えた上で挑んでいるからこそ、高い成功率を誇るのだ。

「仮に失敗しても生きて戻ってこられるようにしておく。ウインドサーフィンも、スリルは求めるけど、絶対に死ぬことはないようにやってます。そのためには自分がどのレベルにあるのかを、冷静に認識しないと駄目です」

理屈としては、腑《ふ》に落ちた。

だが、これだけの達観とチャレンジにおける高い成功確率をどうやって築いてきたのだろうか。

そもそも、古澤明とはどんな子どもだったのかが、気になってきた。

【『挑戦』とは?】

若者たちに、もっと挑戦をしてもらいたいと願ってやまない。事あるごとに、大学生たちに「いろんなことに挑戦して、たくさん挫折をして乗り越えればいい」と語っている。しかし、時に、彼らはこう言うのだ。「挫折なしで、お願いします！」……。

挫折や失敗を奨励する文化を作りたい。アスリートでも、負けることの意味を知っている人の方が強い。勝ち続けているように見える人も、負けた経験を持つ。負けたからこそ次に挑むことの尊さが分かるのだ。

多くの人が挑戦することの意義、価値を語っている。いくつか紹介したい。

●ヘレン・ケラー（アメリカの教育家）
人生はどちらかです。勇気をもって挑むか、棒にふるか。
●ウォルト・ディズニー（アメリカのアニメーション作家）
失敗したからって何なのだ？　失敗から学びを得て、また挑戦すればいいじゃないか。
●マイケル・ジョーダン（アメリカのプロバスケットボール選手）
私は失敗を受け入れることができる。しかし、挑戦しないことだけは受け入れられないのだ。
●本田宗一郎（本田技研工業創業者）
私の最大の光栄は、一度も失敗しないことではなく、倒れるごとに起きるところにある。
●マザー・テレサ（神の愛の宣教者会創立者）
神様は私たちに、成功してほしいなんて思っていません。ただ、挑戦することを望んでいるだけよ。
●ウイリアム・ローゼンバーグ（ダンキンドーナツ創業者）
一度も間違ったことのない人はいないだろう。いるのであれば、それは、何にも挑戦しなかった人だ。

古澤が非常に尊敬しているという野茂英雄もこう語っている。「挑戦せずして成功はありません」

第3章

負けず嫌いと楽しむ天才

——自分は普通だと思っていた天邪鬼

大人から見たら、屁理屈を言う可愛くない子どもだった

幼い頃の最初の記憶は、どんなことだろうか。

小説家としては、そういう記憶が、その人物の個性の原点になる、と考えたくなる。

だが、私自身の最初の記憶を辿《たど》ってみても、今の自分の人格形成に影響しているとは思えない。

ちなみに、それは、二歳の頃、朝起きたら飼っていた犬が死んだと母が告げた時のものだ。

母に言わせると、私はその犬をとても可愛《かわい》がっていたというのだが、犬の記憶はなく、何より残念なのが、その「訃報」を聞いた時の自分の感情を覚えていないことだ。

この「出来事」がその後の私の人生にどのように影響したのか。未《いま》だに定かではない。

だから、幼少期の記憶が、その人物を知るきっかけになるという考えは、誤りかもしれない。

にもかかわらず、古澤に生い立ちの取材を始めた冒頭で、「一番、最初の記憶」を尋ねたのは、やはりそのことに関心があるからだ。

「幼稚園の五歳の誕生会で、『ふるさわあきらちゃんは今日が、誕生日です』と先生から紹介されました。その日は、私の誕生日、十二月一日でした。生まれたのは午後と聞いていたので、『まだこの時間は、生まれてません』と言ったんです。先生は開いた口が塞がらないという感じ。あの時の先生のリアクションを、鮮明に覚えています。なんと可愛げのない子どもだったのか、と今思い出しても、情けない」

いかにも古澤らしいエピソードだ。

可愛げがないというか、五歳の子どもが言うとは思えない指摘。末恐ろしい子どもがここにいた。

今の爽やかで明るいイメージを知る人は、古澤らしくないと思うかもしれない。

だが、彼と話す中で私が抱くようになった「古澤の素顔」にぴったりと当てはまる。

何事にも厳密で、空気は読まない。何より大切なのは、他者からの承認ではなく、自分が納得できるかどうか……。その片鱗《へんりん》が、五歳にしてすでに感じられる。

一人でいるのが苦にならない

私自身は、周囲からは独善的で自己完結型と言われることが多いが、実際は周囲の空気に敏感で、それを汲《く》み取りながら、自分を合わせていくタイプだ。と聞くと、我が強くないと思われるかも知れないが、私の場合は、自分の我を通すために、空気を読み、環境に合わせるところがある。

古澤は、私とは正反対だ。

その一方で、価値観は極めてよく似ている。古澤からも話の中で何度も「真山さんだって、同じでしょ」と当たり前のように指摘されたし、同席していた編集者からも、「よく似ている」と何度も言われた。

だが、根っこは違う。

古澤は太陽であり、私はどちらかというと月か闇という認識だ。

いずれにしても、彼の最初の記憶を聞いて、私の「古澤観」は間違っていないと確認できた。

この発言をした五歳の頃の古澤は、幼稚園で、ほとんどしゃべらなかったらしい。

「一人でいることが苦にならないタイプです。つるまない」

必要がなければ、誰にも話しかけない。同じクラスに、彼の興味を引く子どもがいなかったのかも知れない。

だったら、自問自答している方が楽しい。

目にするもの、聞くものを感じ取り、自分なりに理解していくだけで十分だったのだろう。

小学校の三年生の時、埼玉県大宮市（現さいたま市大宮区）から県内の田舎の学校に転校してからは、さらに極端なほど無口になったらしい。

「話すことがないのに、無理して誰かと話すのって、変でしょう」

古澤には、その場の空気を読んで合わせる、溶け込むという発想がない。

変わっていると思わない。自然体です

「合わせようがないんですよ。真逆を向いている人ばかりだったから。友達になるというのは、ベクトルの方向を合わせるってことだから、逆向きの人とは、無理です。だったら自分の好きなことを考えていたい。みんな同じだと子どもの頃は思ってました」

つまり、彼は自分を「変わっている」と思っていない。

「いつも自然な行動をとってきただけ」

その「自然」とは、「自分自身」にとってだ。

私も、ずっと自問自答ばかりしていた子どもだった。また、友達と同じベクトルを向いている必要なんて感じたことがない。違うから面白い――。だが、古澤とは違いそれを誰かに聞いてほしかった。できれば、賛意を示してほしかった。

ここが、彼と正反対なのだ。私からすれば、これが「自然」なのだが、友人たちからは、「何でもかんでも、自分の考えを押しつけようとしているのかと思った」と、親しくなってから言われた。つまり、私も「変わった子ども」だった。

少しだけ言い訳をすると、私が周囲に自分の意見を伝え、時に説得していたのは、その方が、その人が「幸せになる」と信じていたからだ。

私も古澤も、世間的には、いわゆる天邪鬼《あまのじゃく》だ。しかし、古澤にはそういう意識はなく、ただ自分の考えたままに発言し、行動していたのだろう。

私は、天邪鬼的な視点で物事を見ることの素晴らしさを周囲に伝えずにはいられなかった。

だから、片や物理学者になり、こちらは小説家になったのかも知れないが……。

さて、私の話はその辺りにして、古澤の子ども時代の話を続けよう。

こんな少年は、どういう両親から生まれ、育ったのだろうか。

【古澤流『天邪鬼』】

『広辞苑』によると、天邪鬼とは、わざと人の言に逆らって、片意地を通す者、という意味だ。だが、古澤が考える、そして、実践している「天邪鬼」は、かなり違う。

「別に屁理屈並べて、片意地を張れというつもりは、ありません。オーソリティや常識を信じるなってことです」

常識とは、時に人の行動を縛ってしまう。自由に考えることを抑制し、長いものに巻かれろ、という時に悪用されることも多い。

そもそも多様性の時代なのだ。「かくあるべし」を信じる必要はない。自分は、こっちの方が楽しいと思えば、それもスタイルだ。

私も、人の数だけ「正しさ」があると考えているので、古澤が言う「空気を読みすぎて、予定調和に堕したりするな」という考えに賛成だ。

物事は、様々な視点から考えるべきであり、まさかに備えたり、異文化を認めるためにも、勇気を持って異を唱えるべきなのだ。

「スポーツなどで、フォームが悪いから結果が出ないという常識がありますが、異能の天才たちは、必ずしも理想的だと考えられているフォームでプレイしない。でも、そのアスリートが、そのフォームで結果を出せば、それが、『正しいフォーム』になるんです」

『ふたり鷹』第９巻（少年サンデーコミックス／小学館）より © 新谷かおる

古澤が大学生の頃に読んで「しびれた」という漫画『ふたり鷹』。「週刊少年サンデー」連載時の１ページを切り取って、今も大切に座右においている。「ベスト・タイムがでたときのフォームがベスト・フォームだ」と言い切る主人公に、「僕の生き方そのものです」と深い共感を抱いている。

残業するやつはバカだ——という父
一番以外、ビリと一緒——という母

「残業するやつはバカだと言って憚《はばか》らない父は、定時で帰宅する人でした」

「モーレツ社員」というのが、サラリーマンの憧れだった昭和時代からすれば、異色の存在だ。

「仕事の後、会社のテニスコートでプレイしてから帰ってくることも多かったです」

古澤のテニスは、父親譲りということになる。

今で言えば、ワーク・ライフ・バランスの充実した生活をしていたとなるが、当時だと、なかなか勇気のいる行為だったはずだ。

あるいは、仕事はほどほどで、プライベートの時間を大切にする人だったのかというと、さにあらず。仕事でも頭角を現していたことが分かるエピソードがある。

「会社のエンジニア代表として、初めてアメリカに派遣されたそうです。その時は、羽田空港に社長が見送りに来て、万歳三唱で見送られたとか」

学徒動員で軍需工場で働いている時に、空襲に遭《あ》った経験があっても、終生、アメリカ好きだったらしい。

どの話も、いかにも古澤の父親らしい。

子どもの教育についても、干渉しなかったようだ。

「父から叱られた記憶がないんです。放任というか、好きに生きればいいという人でした。私からするとマイペースで、人生を謳歌《おうか》していたように見えます」

そんな父を見て、明少年も楽しく生きようと思ったのかも知れない。

おっかない母でした

一方、母親も個性的な人だ。

「あり得ないレベルのお転婆というか、アクティブな女性だったようです」

独身時代に勤務していた会社の社長が、アメリカ帰りだったこともあって、「よく働き、よく遊べ」という方針で、休暇手当まではずんでくれた。

定時になるとハイヒールに履き替え、街に繰り出してオフタイムを満喫した。

その頃から、スキーも楽しんでいたという。

スキー好きは、八六歳になった今も変わらないそうで、年間二〇日近くは、ゲレンデにいるらしい。

自分で「これは、いいことだ」と思うと、すぐ実践したくなる。時には思いつきで言ったり、行動したりもする。

「そのあたりは、私と似ているので、母の血ですかね」と笑う古澤だが、子どもの頃は、母のスパルタ教育にしごかれた。

「まったく泳げない幼稚園児の時に、突然、プールに突き落とされました。そうすれば、子どもは勝手に泳げるようになると、どこかで読んだらしく、私が溺れていても、助けようともしません」

一つ間違えば、トラウマになって水泳が嫌いになる場合もある。だが、さすがは古澤。

自分が水の中に沈んでいくと分かると、夢中で体を動かし、泳げるようになった。

それどころか、水泳が得意になったというのだから、この母にして、この息子あり！なのだろうか。

「とにかくやる以上、何でも一番になれ。それ以外はビリと同じだという人でした」

元々負けず嫌いなのだから、それも明少年にとっては苦痛ではなかっただろうが、妥協を認めない母は、「おっかなかった」。

子どもの頃、将来、何になりたいかを「考えたこともなかった」と言う古澤だが、母親からは、「社長になりなさい」と言われたというから、孟母《もうぼ》ならぬ猛母だったようだ。

勉強は、将来への投資

そんな母のスパルタ教育を受けながらも、古澤は、勉強について自分なりの確固たる考えを持つようになる。

「一番になることしか考えてないんですから、勉強はしました。特に受験勉強は、猛烈に。基礎力を養うことが、将来のために必要だ。ここでしっかり基礎力をつけておかなければ、楽しいこともできない、と、思ってました」

高校時代までの勉強は、筋トレみたいなものだと古澤はいう。だから、けっして楽しいものではないけれど、いずれ成果につながると信じて、続ける。

「勉強は、将来への投資ですから」

アスリートも同じだが、基礎体力を若い時に身につけられたかどうかが、将来、大きな差となる。

だから、若い時は徹底的に「筋トレに励む」のが、重要なのだ。

【スパルタ教育と『ニッポン無責任時代』】

1961（昭和36）年生まれの古澤が小学校に入学したのは1968（昭和43）年、その頃、「教育ママゴン」によるスパルタ教育が日本を席巻していた。戦後に生まれたベビーブーマーたちの成長、また、経済の高度成長という背景の中で、よい会社に入る、出世するなど社会的成功への条件として学歴が重視されるようになり、子どもたちに対する教育熱が非常に高まった。

また、時を同じくして、企業には「モーレツ社員」と呼ばれる企業戦士が多く現れた。家庭や家族、私生活の楽しみを顧みることなく上司の命令のままに粉骨砕身で働くサラリーマンたちだ。彼らが日本の経済成長を支えたのは間違いのないことであるが、その反動なのか、一方ではこんな映画も作られた。

『ニッポン無責任時代』――製作は1962（昭和37）年（東宝）。「平均（たいら・ひとし）」という超楽観主義でアバウトな性格の無責任なサラリーマンが主役のこの映画は多くのサラリーマンから圧倒的な支持を得て大ヒット、その後、シリーズ化された。私自身はオンタイムでこの時代を知るわけではないが、モーレツ社員が無責任男の活躍に大笑いしていた社会は、バランスが取れていて、健全でしたたかな日本人の底力を感じる。

森羅万象が、フィジックス！
不可能を可能にするための工学

埼玉県の名門校、浦和高校を卒業し、一九八〇（昭和五五）年、古澤は東京大学理科一類に入学する。

「受験前から、東大の物理工学に行くと決めていました。物理学が好きだったから」という古澤らしい答えが返ってきた。

数式が苦手な私からすると、「物理なんて、何が面白いんだ」と思うのだが。

アメリカ・プロバスケットボールのスーパースター、マイケル・ジョーダンが日本のテレビに出演した時のことだ。ジョーダンがドリブルしているボールを芸人が取ろうとして、いろいろ試みるが、まったく歯が立たない。

「それに対してマイケル・ジョーダンが、『イッツ・フィジックス（物理学）』って言ったんですよ。物理ってそういうものなんです。物の道理なんです」

気まぐれでドリブルをしているのではない。彼の動きは、全て物理学的な法則に裏付けられている――。

この天才の言葉は、重要だ。自由奔放に何をやっても成功するのが天才ではない。こうすれば必ず成功するという法則を、見事なまでに徹底し、さらに、そこに個性を加味するから、余人を寄せ付けない異能を発揮できるのだ。

アスリートでもある古澤は、ジョーダンの発言の奥の深さを理解し、物理学の面白さを再確認したという。

曖昧さがない学問

「森羅万象が、フィジックスです」

自然現象や人の行動を数式化できるのかと、超文系の私は反論した。

「数式は、物理学が森羅万象を説明するためのツール、言葉です。小説は言葉で書くわけですけど、我々の言葉は数学の式なんです。誰が読んでも同じ意味で取れる。それが重要なんです」

つまり、受け手によって解釈が変わるようなものであってはならない、ということか。

「物理学には、曖昧さがない。それが、とても重要なことだし、私には合っています」

白黒が明確でないと「気持ちが悪い」という古澤には、物理学が合っていて、しかも面白いのだ。

世の中は全て「グレー」で、曖昧で、同じ出来事、事象が人によって違った意味に取られることを楽しいと感じる小説家とは、異なる「美意識」の持ち主だ。だから、古澤は、物理学を選んだのだ。

不可能を可能にする工学研究

それだけ物理学が好きなら、理学部で物理学を専攻するという選択肢もあったのではないだろうか。

「当時の理学部物理学科というのは、素粒子や宇宙物理学がトレンドでした。私はもう少し工学に近い研究をしたかったんです。エンジニアの父の影響もあったかも知れません」

その後、アメリカに留学して、古澤はなぜ、自分が理学部ではなく工学部を選んだかの理由を再確認することになる。

「サイエンス（理学）とは、理論上、その仮説が正しいか否かを判断する学問です。そこで正しいと見極められたら、現実には『不可能』だと考えられていることでも、突き詰めていけば『可能』になる。それを実現するのがテクノロジー（工学）なんです。

私は、物事が正しいかどうかを見極めるより、不可能を可能にすることに挑戦できる工学の方に惹《ひ》かれました」

理論より、実践──。

これが、古澤の哲学だ。

実験を重んじ、何事も決めつけず、可能性にかけて次々と挑戦していく。

確かに、古澤には工学研究者が似合っている。

【テクノロジーとサイエンス】

古澤が物理学の研究に身を投じることを決めた時、理学部ではなく工学部を、サイエンス（理学）ではなくテクノロジー（工学）を選んだ理由として「不可能を可能にすることに挑戦できる」と語っていたのが印象深い。サイエンスとテクノロジー、それぞれの意味を改めて確認しておきたい。

●サイエンス　science
世界と現象の一部を対象領域とする、経験的に論証できる系統的な合理的認識。
●テクノロジー　technology
科学を実地に応用して自然の事物を改変・加工し、人間生活に利用するわざ。
科学技術。科学的知識を各個別領域における実際的目的のために工学的に応用する方法論。

テクノロジーの説明に注目してほしい。「人間生活に利用する」「実際的目的のために」という語句が見られる。本書でもすでに紹介したエピソードだが、古澤が研究者として情熱を傾けている光量子コンピューターの最大の強みを節電だと言っていたことと、見事に結びつく。テクノロジー（工学）とはつまり、人類の抱える問題を解決するものなのだ。

ちなみに、1919（大正８）年に東京帝国大学（現東京大学）を含む４つの帝国大学が工学部を設けたが、総合大学の中に工学部を置いたのは、世界で日本が初めてだったらしい。

東大での学生生活で明確に見えたもの
アカデミアより、就職を目指したわけ

東大入学後は、キャンパスライフも楽しんだ。

たとえば、メディアに登場するような著名な教授が、講義をしているというのが、驚きだったという。

その一人が、数学者の藤原正彦《ふじわらまさひこ》だ。彼の講義を、古澤は二年連続で受講した。

「高校時代に、『若き数学者のアメリカ』や『数学者の言葉では』を読んで憧れていた著者が、目の前で講義をしている！　東大って凄《すご》いなと思いました」

藤原の著書を読んで、古澤は「いつか、アメリカに行こうと決めていた」という。

「とにかく格好から講義の内容まで、ぶっ飛んでましたね」

いつかはアメリカに留学したい

長髪にジーパン、スニーカーといういでたちで教壇に立つ藤原は、およそ大学教授っぽくない。講義を、平気で英語でどんどん進めたりするなど「アメリカナイズされた教授」を体現していたという。

「その上、冗談ばかり言って、どこまでが本当なのかすら分からない。『この式は、煮ても焼いてもダメだね』だなんて、批判しちゃうし、本当にいい加減な先生だな。数学者って、こんなので通用するのかとびっくりしました」

藤原は、後に二百万部以上の大ベストセラーとなった『国家の品格』を著す。同書では、アメリカの「論理万能主義」を批判。グローバリズムにも否定的で、世界で唯一の「情緒と形の文明」を持つ日本の伝統や美意識を重んじ、「国家の品格」を取り戻すことを訴えた。

だが当時は、「アメリカは、本当に楽しいところなんだろうな。ぜひ行ってみたい」と古澤に思わせるほど、藤原は、楽しそうにアメリカの素晴らしさを語ったという。

いつかはアメリカへ留学する——という古澤の目標は、藤原の講義によってさらに膨らんだ。

東大出身の教授は、厳《いか》めしい教授が多かった。その中にあって、強烈な個性を放った藤原のような人物がいることで、古澤は安心したのだという。

「こういう先生もありなんだ、学者にも色々いていいんだ、というのを確認した瞬間でした」

大学生活の中心は競技スキー

だが、古澤はけっして勤勉で猛烈に研究に勤《いそ》しむ学生ではなかった。

「入学してから始めた競技スキーが面白くなり、生活の中心にスキーがありました。無論、大好きな物理学を学べるし、面白い講義もありましたから、それなりには学業も楽しみました」

だが、年間五〇日はスキー漬けになり、その費用を工面するために、アルバイトに励んだ。

「大学院に進んだのも、スキーを続けたかったのが一番の理由です。今から振り返るとのんびりした時代でした」

古澤を擁護するつもりはないが、彼の二年後に大学に入学した私自身を振り返ってみても、八〇年代の学生生活というのは、「勉強はそこそこに。やりたいことをとことん謳歌する」という時代だった。

私自身も、ほとんど大学に行かず、テニスと学内に誕生したテニスの同好会連盟の運営に明け暮れた。既にその頃は小説家を志していたが、ほとんど小説も書かなかった。

そして、多くの友人や後輩たちと朝まで飲み明かす日々だった。

それに引き換え今の大学生は、窮屈そうだ。講義は、出席が半ば強制されていて、徹底的に管理されている。その一方で、複数のサークル活動を掛け持ちする学生が多く、何かにのめり込むというより、何事にも広く浅く関わる学生が増えている印象がある。

その上、気の早い学生は、一年生から、企業のインターンシップに参加する。三年生の夏休みには、大半の学生が「就活」を始める。

勿体《もったい》ない。そう思うので、私の事務所にいるアルバイトの学生に、「もっとゆとりを持って、やりたいことに没頭したらどう?」と言ってみても、「やりたいことが分かりません」と返される始末だ。

私自身はともかく、当時の古澤が研究より競技スキーを優先して没頭したことは、重要だったと思う。

中途半端な熱量では、何事も上手《うま》くいかない。部活に没頭するからこそ、講義にも、集中できる。

この両立は、今でも古澤のライフスタイルだ。

古澤が学生に奨《すす》める「とにかく自分を突き詰めるほど楽しいことに没頭せよ」精神は、自身が体験し、その意義を理解しているからだというのが、彼の話を聞いて腑《ふ》に落ちた。

研究を独力で完結させる

古澤の卒業論文、修士論文は、いずれも「半導体の光物性の研究」だった。

様々な条件で半導体に光を当てて、どのような現象が起きるかを調べる研究で、この時から「光」にこだわっているのは、大学で学ぶ過程で、「これからは光の時代がくる」という予感があったからだという。

「特にその研究がやりたかった、というわけではないんです。敢《あ》えて人気のない研究室を選ぶという生来の天邪鬼な性格と、指導教授の高橋良二《たかはしりょうじ》先生が、研究に関してまったくの放任という方針だったのが性に合って、修士課程まで居座ってしまいました」

高橋研究室では、誰からも何も教わることなく装置を立ち上げるところから、完全に独力で行うのが、古澤には楽しかった。

「当時の大学は、今のように安全管理が厳格だったわけではないので、今から思うと、よくあの程度の知識で、危ない装置を作ったものだと思います。失敗も多かったですが、どんなものでも自作できるという妙な自信だけはつきました」

競技スキーやアルバイトに時間をとられたこともあって、特別成績優秀だったわけではないと言うが、就職の時は、引く手あまただったらしい。

現在は大学で教授を務める古澤が、学生時代には進路として研究職を考えていなかったのは、意外だ。

理由を問うと、強烈な言葉が返ってきた。

「日本の大学の多くは、奴隷制なんです。

学生は、授業料を払った上に、無料《ただ》で研究室で働かされる。真面目な学生は、アルバイトをする時間もつくれない。結果として生活は苦しい。

東大の学生は、日本の宝ですよ。なのに、彼らを奴隷のようにこき使って、それを当然としている大学の常識が許せなかった」

この日本の大学文化への疑問を、日本の研究成果が、世界レベルにならない一因と古澤はみている。そのあたりは、後述する。

希望通りの研究に取り組んでいたから、周囲は博士号を取るつもりだと考えていたのかも知れないが、古澤は修士課程を終えると、就職した。

企業にもこんな凄い人がいる

奴隷のように酷使され搾取される大学の研究室と異なり、当時の企業の研究所は、給料も研究費もかなりの好条件だった。

各社とも社内に修士課程修了者が少ないこともあって、エリート待遇で歓迎される。

古澤は一三社の研究室を見学した。

「大手電機メーカーの研究所はとても人気があったため、天邪鬼な私は、それ以外の会社を志向するようになりました」

光関係の研究を行っている企業に興味を持つようになって最初に訪れたのは、キヤノン中央研究所だった。

当時、同研究所には、東大理学部を卒業した物理学者、清水明《しみずあきら》が在席していた（その後、東大で助教授、教授となる）。その清水が、研究所を案内してくれた。

光から、熱、プラズマ、そして量子力学まで幅広いフィールドを研究する清水に初めて会って、「企業にも凄い人がいるんだ」と感心したという。

「普通だったら、キヤノンに入社して、清水さんと一緒に働きたいと思うのでしょうが、私の場合は、違いました」

それは、勝てない勝負を避けたのか。それとも、自分はライバル会社に就職して対抗してやろうと思ったのか。古澤は、ニコンを選択する。

「自分でも、なぜそんな頑《かたく》なな発想をしたのか、今では分からないのですが、おそらくは単に天邪鬼だったからでしょうね。

それともう一つ、ニコンなら社長になれるかも知れないと思ったんです」

社長になって「金曜会」に出る！

「会社で働くなら、社長になれ」とは、古澤の母の教えだった。

「子どもの頃に母に洗脳されたわけじゃないですけれど、やっぱり一番じゃなければ、嫌じゃないですか」

研究職に就職する学生が、社長を目指すという発想は普通はない。

だが、古澤は、企業へ就職すると決めた時から、目標は「社長になって、『金曜会』に出る！」ことだった。

三菱《みつびし》金曜会は、毎月第二金曜日に、三菱グループ二六社の会長・社長が集まる懇談昼食会のことで、ニコンの社長もそのメンバーだった。

いわば日本を代表する企業グループのトップ・オブ・トップの一員になる――。

何事においても一位を目指す古澤らしい「野望」だった。

「キヤノンだと、もしかしたら清水さんに負けるかも知れない。でも、ニコンなら社長になれる」

当時を振り返って照れくさそうに笑う古澤の徹底ぶりは、さすがだ。
その志を胸に、古澤は一九八六（昭和六一）年、ニコンに入社する。

【『若き数学者のアメリカ』】

藤原正彦は1972（昭和47）年の夏からの約３年間にわたるアメリカ滞在について書いたこのエッセイで、1978（昭和53）年の日本エッセイスト・クラブ賞を受賞している。

真珠湾をめぐる遊覧船に乗ったときには、居心地の悪さに滅入ったかと思うと、突然居直って「絶対に謝るもんか」と心の中で叫んでみたり、〝ちびりちびり〟遊んでいたはずのラスベガスのカジノで急に大きく賭け始めて生活費に手を付けて大敗を喫したりする型破りなエピソードから始まり、ミシガン大学での研究員生活で感じた疎外感やホームシック、その後助教授として招かれたコロラド大学での学生や教授たちとの交流や日々の暮らしぶりなどが、その時々の藤原の内面とともに驚くほどの率直さで記されている。子どもたちや老婦人、女性との美しいエピソードも多い。

アメリカに対抗意識を持っていた頃の自分を振り返り、「オーケストラに加わることを拒否していた琴」と表現する客観的な視点でアメリカと日本について深く思索をめぐらせて、ついには「アメリカ人を真の意味で好きになった」という藤原が、本書の終わりの方で、誰もが歩まざるを得ない一本道について語るロマンチックな一節がある。いつか、古澤と、ビールを飲みながら、互いの「道」について語り合ってみたい。

「会社の常識」という壁にぶち当たる
もっとモチベーションが続く研究を！

入社して出世レースが始まった！　と意気込んだ古澤は、すぐさま「会社の呪縛」という洗礼を受ける。

「会社は、上下関係が厳しい組織で、なかなか自分の思い通りにはいかない。研究にしても、自分のやりたいものを選べるのではなく、命じられたものを粛々とやるだけ」

全ての行動に、楽しさとやりがいを感じていたいと考える古澤のモチベーションは、まったく上がらなかった。

「明日、カゼで休みますと言って、ウインドサーフィンに行ったら、どえらい怒られました。私が言ったカゼは、『風』であって『風邪』じゃないんですが、平日にウインドサーフィンのために休むなんて不謹慎だ！　と人間性すら否定されて、おまえみたいな不真面目なやつは会社に来る資格はない、とまで言われました。

ああ、これが会社組織の常識なのか。その瞬間、ニコンで社長になる野望は霧消しました」

そもそも、古澤が社長になろうと考えたところから、私には驚きでしかなかったし、どうやって社内政治の荒波を乗り越えていくつもりだったのだろうと訝《いぶか》っていた。

しかし、本人が自省するように「会社のことを何も知らないバカでした。若気の至り」だったと思うと、ある意味微笑《ほほえ》ましいエピソードだ。

これが会社なんだと実感

この逸話で面白いのが、そこまで叱責されても、古澤が反論しなかったことだ。

「これが、会社なんだと分かったので」

無駄な争いはしない。話しても分からない人に食ってかかるのは無駄、という割り切りもまた、古澤らしさだ。

「でも、会社という組織に対する違和感は持ちました。アカデミアの場合、上司という概念はないし、研究テーマは自分で選べる。同じ研究生活でも、ここまで違う会社では、自分のベストパフォーマンスは出せないだろうとも思いました」

再び大学で研究をして、研究の自由を実感

社長になるのを諦めようと思った理由が、もう一つある。

「入社後、何度か日本経済の危機がありました。そういう時、社長は苦しそうでした。景気も良く、業績も良い時は、楽しいと思うんですが、そうでないと辛《つら》いことばかり。社長になるために頑張るほどの甲斐《かい》はないと思うようになりました」

一九八八（昭和六三）年、古澤は、東大の三田《みた》達《いたる》教授と堀江《ほりえ》一之《かずゆき》教授から誘いを受け、東京大学先端科学技術研究センターに出向する。

ニコンで古澤が担当していた、次世代の光メモリーのための光化学ホールバーニングの研究が結んだ縁だった。

光化学ホールバーニングとは、光によって反応する色素やイオンを高分子などに分散させ、単色性の強いレーザー光を照射すると、光化学反応が起き、色素部分が減少し、鋭い穴《ホール》が生じる現象のことだ。

三田・堀江研究室は、その光化学ホールバーニングを研究テーマにしていた。

高分子化学の研究室で、物理工学科出身の古澤にとっては門外漢の分野だったが、「修士論文の研究を、ゼロから独力で行った経験から、第一原理をしっかりと理解すれば、不可能はないと分かっていたので、抵抗なく入って行けた」と言う。

大学にはお金がなく、研究者は教授の奴隷のようなものだから、許せないと思っていた古澤だったが、企業勤務を経験したことで、アカデミアの認識に、変化が生まれた。

「研究をするには大学は良いところだと思うようになりました。大学では教授も研究員も研究に関しては対等で、上司と部下という厳然たる主従関係がある会社とは比べようもないと、実感したからです」

古澤はここで、学位論文をまとめ、博士号を取得した。

光量子コンピューター研究のきっかけ

二年間の先端科学技術研究センターへの出向から社に戻ったタイミングで、基礎研究部門が茨城県つくば市に移転することになり、より基礎研究にシフトすることになった。しかも、研究テーマ自体を自分で選べるというのだ。

「自由に選べると言っても、社に利益をもたらす可能性がある研究という条件付きですが、言い換えれば、上司を説得できればいいわけです」

大容量光メモリーの研究をしていた古澤は、大容量メモリーは高速読み出しができて初めて意味があるので、その研究をテーマにしようと考えた。

だが、成果を上げるのが至難の業であることに気づく。

「光で情報を高速で読み出そうとすると、使える光量が減っていき、究極は光子一個が戻ってくるか来ないかで判断するしかなくなる」

光量を増やそうと試みたが、既に限界値まで光量を上げて実験していたことが判明した。

試行錯誤を続けた結果、一つの仮説を立てる。

大容量光メモリーの高速読み出し時に、標準量子限界を超えて情報を読み出すためには、読み出す光の量子状態を変えればよいのではないか――。

この仮説を元に上司を説得し、光の量子状態を変化させる研究――量子光学研究スタートの許可をとった。

「今から振り返ると、これが光量子コンピューター研究のきっかけでした」

気がつくと自分は取り残されていた

許可はもらったものの、またもや古澤は、異分野に取り組むことになった。光化学ホールバーニングの研究の時と同様に、論文を読みあさり、一度も行ったことのない実験に着手する。

心の支えは、「第一原理で考えれば、全ての問題は解ける」という信念だった。膨大な時間を要したが、ついに、実験は成功。成果を論文にまとめた。

「でも、達成感は薄かった。成功するまでに時間がかかりすぎ、気がつくと、既にこの分野の進化は、ずっと先まで進んでいたからです」

このままでは、自分は取り残されてしまう――。

焦りが募った。

そこで古澤は、当時筑波研究所長を務めていた鶴田匡夫《つるたただお》に相談する。

鶴田は、日本を代表する光学技術者で、光学技術史を中心に原典にあたって解説する『光の鉛筆』の著者として知られていた。

古澤の悩みに真摯に耳を傾けた鶴田は、電気通信大学の宅間宏《たくまひろし》教授に推薦してくれた。

宅間は、レーザー研究の権威として知られていた人物で、古澤との面談で、カリフォルニア工科大学のジェフ・キンブル教授の下で、量子光学を学んではどうかとアドバイスし、推薦状を書いてくれた。

これが、古澤を「夢のアメリカ」へと導く機会となり、光量子コンピューター研究へと大きく舵《かじ》を切る航路の始まりだった。

【ジェフ・キンブル】

古澤がカリフォルニア工科大学に社会人留学した際に師事し、ともに量子テレポーテーションの世界初の実証実験を成功させたH・ジェフ・キンブル（Harry Jeffrey Kimble）教授とはどのような人だったのか。

1949年生まれ――ということは、古澤とは一回りの年齢差。二人が出会ったのは、キンブル教授が47歳、古澤が34歳の時だった。キンブル教授は量子情報科学の分野を牽引する量子物理学者としてカリフォルニア工科大学に迎え入れられて８年目。アメリカ初の量子コンピューターの研究開発プロジェクト「QUICプロジェクト」をスタートさせていた。留学を機にそのオリジナルメンバーに選ばれたことが、古澤にとって「人生を大きく変える出来事」となった。

米国科学アカデミー会員。これまでにレーザー物理学部門のアインシュタイン賞、アメリカ光学会のマックスボルン賞をはじめ様々な国際賞を受賞している。

第4章

アトミックボムのような男

――アメリカで手に入れたあるべき研究

けっして順風満帆でなくても
アメリカでも古澤の哲学は揺るがない

アメリカに行きたい！ というのは、古澤の長年の夢だった。しかし、ただ憧れているだけでは、事態は動かない。カリフォルニア工科大学への道をたぐり寄せたのは、この時期の古澤の切実な渇望感だった。

「研究が行き詰まっていて、このままでは、世界から取り残されてしまうという焦りがありました。また、三〇歳を超えて、一番、気力体力が充実していた。誰にもやれないような凄《すご》い研究に挑みたいという闘志が沸々と込み上がってきていました。

でも、それは日本では、無理ではないか。ならば、自分自身のパラダイムシフトを起こすために、アメリカに行くしかない。そんな衝動に突き動かされていました」

“One beer!”から始まった師弟関係

一九九六年五月、古澤は初めてカリフォルニア工科大学を訪れた。宅間教授の推薦を受け、キンブル教授に連絡を取ったところ、セミナーを行ってくれと依頼されたのだ。

「推薦状があったとはいえ、研究員として学べるという保証はありませんでした」

そこで、企業からアメリカの大学に留学した知人に合格の秘訣《ひけつ》を尋ねた。

当時のアメリカ留学は、日本企業からの資金提供があれば、受け入れてもらいやすかった。今回の留学は、会社からの出向として行く。だとすれば、何とかなりそうだ。

「それでも、初めてキンブル教授と会った時は緊張しました」

そのせいだろう。会社からどの程度、研究室に研究費を提供すればいいのかを古澤は教授に直接、尋ねている。

暫《しばら》くの沈黙の後、キンブルは一言“One beer!”と言って笑顔になった。

「あの時のことは今でも鮮明に覚えています」

同年八月、古澤は家族とともに渡米した。三四歳の時だ。

〃サイレンス・ミーンズ・ナッシング〃

意気揚々と乗り込んだカリフォルニアで、思わぬ〃伏兵〃が待ち構えていた。

英語の壁だ。

「物理の専門用語は問題なかったのですが、日常会話が辛《つら》かった。特に議論をする時や雑談で苦労しました。会話についていけない。そう思うとますます言葉が出ない」

古澤は、周囲に溶け込むために、積極的に話しかけるタイプではない。子どもの頃から、誰とも話さなくても苦痛ではなかった。しかし、カリフォルニア工科大学では、そういうスタイルは馴染《なじ》まない。

「日本では、『沈黙は金』ということわざがありますが、アメリカの場合は、〃サイレンス・ミーンズ・ナッシング〃。つまり、『目立ってなんぼ』という発想です。学術的な議論やアイデア交換ができないというのは、相当マズいなと悩みました」

その結果、「無口な古澤」になってしまった。

それを打開できた一つのきっかけが、前述したキンブルとのテニス交流だったわけだ。「テニスのおかげで、少なくとも教授とはコミュニケーションがとれるようになった。それと、もう一つ、気づいたことがありました」

当時のキンブル研究室は、古澤以外は皆、二〇代の若者ばかり。

「研究者としての経験値の差では、私の優位は明らかでした。また、私が物理工学科出身というのも、研究室では有利だったんです」

量子光学の実験というと、光の実験という印象がある。だが、実際は電気回路での制御が中心で、これらの知識は、絶対的な強みになる。

物理工学科出身だった古澤は、回路学や制御論を体系立てて学んでいるが、他の研究者の多くは、我流によるその場しのぎでやりすごしているという状況だった。

それ以外にも、必須の古典光学や量子力学についても物理工学科でみっちり鍛えられたという自負が古澤にはあった。

古澤流打開力の極意

「自分には決定的な強みがある――。それに気づいてからは、怖いものはなくなりました。例によって、『第一原理で考えれば全ての問題は解ける』という信念で、落ち着いて実験に取り組むことができました」

この打開力も、古澤ならではだ。

これは、多くの人の参考になりそうなので、私なりの解釈を述べておきたい。

日本人は、アイデンティティー探しが好きだ。自分ならではの個性や才能を必死で見つけようとしている。

だが、大抵の人は、それが見つけられない。「自分探しの旅」に出てみても、それでアイデンティティーが見つかるというものではない。

重要なのは、アイデンティティーとは何かという点だ。

元々持って生まれた才能や好み、学習や経験で積み上がって身についた実力。それらが融合して、アイデンティティーは形成される。

つまり、答えは、自分の中にある。

そのため、自らを客観的に見る方法を知らない人は、「それ」に気づくことができない。言ってみれば、「幸せの青い鳥」を見つけられないのと同じだ。

必要なのは自問自答だ。

常に「あなたは、誰?」と自問し、自分を突き詰め、経験を顧みて、「強み」を探す習慣をつけてほしい。

自らを客観的かつ徹底的に分析することができて初めて、アイデンティティーは「可視化」できるようになる。

古澤は困ると（おそらく本能的に）、まず、自分の知見と経験を踏まえた強みを自問する。そのスイッチが、絶妙のタイミングで入る。そして、「自分の知見と経験があれば、この壁は超えられる」と確信して突き進む。その結果、いつのまにか窮地を脱している。

その突破力は、古澤ゆえの凄さという面もあるが、思考のプロセスは私たちも活用したい。

【カリフォルニア工科大学とは】

California Institute of Technology（カリフォルニア工科大学：略称はカルテック）。

カリフォルニア州パサデナにある、マサチューセッツ工科大学（MIT）と並ぶ工学と科学研究の専門大学で、アメリカ屈指のエリート名門校の一つ。2023年世界大学ランキングでは第6位。2023年までに46人の教員・卒業生がノーベル賞を受賞している。驚きをもって特筆すべき点の一つとして、学生に対する教員数の多さが挙げられる。カリフォルニア工科大学のHPによると、その比率は学生3：教員1とのことだ。

また、「About Caltech（カルテックについて）」の冒頭には以下のように述べられている。

“Caltech is a world-renowned science and engineering institute that marshals some of the world's brightest minds and most innovative tools to address fundamental scientific questions and pressing societal challenges.”

（カリフォルニア工科大学は世界的に有名な科学・工学研究所であり、世界で最も優秀な頭脳と最も革新的なツールを結集して、基本的な科学的疑問や差し迫った社会的課題に取り組んでいる）

古澤がカリフォルニア工科大学で研究する機会を得たのは第3章で紹介したように、当時ニコンの筑波研究所長だった鶴田匡夫にまず相談、鶴田から紹介された電気通信大学の宅間宏教授がキンブル教授に推薦してくれたという経緯があった故のことで、最初から望んでいたわけではない。結果的に、この大学で世界を驚かせるほどの偉大な成果（完全な量子テレポーテーションの成功）を挙げたことを思うと、カリフォルニア工科大学との出会いこそ彼の「強運」の何よりの証拠のように思える。

捨て駒だから与えられた誰もなしえない革命的実験

さて、徐々に英語の会話にも慣れ、深い工学知識などにより研究室で存在感を見せ始めた古澤に、大きなミッションが託された。

「突然、『量子テレポーテーション』の実験を行うことが決まり、その大任を任されたんです」

量子テレポーテーションをちゃんと説明するほどの知識が私にはないが、量子もつれの効果を利用して、離れた場所に情報を送信することである――らしい。

テレポーテーションとあると、ついアメリカのSFドラマ「スタートレック」のように、粒子が空間の別の場所に瞬時に移動するという意味に捉えがちだが、そうではない。

量子もつれの関係にある二つの粒子のうち一方の状態を観測すると、瞬時に離れた場所にあるもう一方の状態が確定的に判明するという現象を利用して、送信者から受信者へ情報が移動することを指す。

それが「可能」であることを、実験で証明せよ、というのだ。

大役を振られた意外な理由

一九九七年、不可能だと考えられていた実験を、アントン・ツァイリンガー率いるインスブルック大学とローマ大学の研究チームが、「成功した」と発表した。

ところが、実際は、彼らの実験は、ある条件を満たす時にだけテレポーテーションが起こるというものであった。

そこで、彼らと競っていたキンブル教授が、条件なしで成功するための実験に挑むことになったのだ。

まさに、古澤が求めてやまない「不可能を可能にする実験に挑め」というミッションだ。

当時は、驚きしかなかった「ご指名」だったが、現在の古澤は、冷静にその理由を分析する。

「私はニコンから派遣されて、カルテックに出向した身です。だから実験に失敗しても、キンブル研としては、失うものはない。

私自身も日本に帰れば、また、会社の研究員としてのキャリアを再開できる。なので、絶対にできそうもないテーマを与えられたんだと思います。言ってみれば、私は捨て駒だった」

いや、能力や意欲を見込まれたからではないのかと古澤に言ったのだが、彼は懐疑的だった。

「他の研究員は、学位を取らなきゃいけないし、将来のキンブル研を背負って立つ金の卵です。彼らは、確実に結果を出さないといけない。だから、私にまわってきたんだと思いますよ」

とは言うが、古澤は俄然《がぜん》やる気になった。

三ヶ月で必ず実験を成功させる

キンブルから手渡されたのは、「わけのわからない抽象的な論文」だけだったが、古澤は、いつものやり方で、多くの他の論文を読みあさり、自らの知見と経験をフル活用して仮説を立て、実験を開始した。

実験を始めて暫《しばら》くした頃、古澤はキンブルと二人で、アリゾナで行われたワークショップに、参加した。

その時、夕食の席で、古澤はこう宣言した。

「この実験を成功させる完全な方法を思いつきました。あとはやるだけです。三ヶ月で結果を出します」

なんと大胆不敵！　だが、古澤ができない約束をするわけがない。勝算があったのだろう。

キンブルは、「じゃあ、ビールを賭けるか」と応じた。古澤は即答で「もちろん！」と返した。

まるで映画の名場面のようなやり取りだが、古澤は「当然、勝てる確信があった」と当時を振り返る。

そして、約束の三ヶ月後、古澤は実験を成功させ、キンブルに報告した。

「何だって！ これは、原爆《アトミックボム》だ！ と大興奮でした。

日本人の私に、そんな言葉で褒めるのかと、呆《あき》れつつも、やはり嬉《うれ》しかったですね。

その時、確信したんです。この分野を磨いていけば誰にも負けない、スーパートップになれると。以来ずっと二〇年以上、量子力学に専念しています」

さて、カリフォルニア工科大学での大発見に話を戻す。

さすがに古澤が成功した実験結果は、「革命的成功」なので、キンブルは、自分自身が実験を再現すると言いだした。

そして、実証した上で、三週間後にサンフランシスコで行われる国際量子エレクトロニクス会議（IQEC1998）で発表することになった。

発表直前まで実証できない

再実験に三週間もあれば大丈夫と思った古澤の思惑は外れた。

一人で挑んだ時はできた結果がなぜか出ないのだ。

おちつけ！　自身で考え出した手順通りに実験をやれば、必ず同じ結果が出るはずだ！

と自分を諫《いさ》め、失敗を検証し、あらゆる手を尽くしたのに結果を出せないまま時間ばかりが過ぎていく。

瞬く間に発表前日となった。まだ、実験の再現はできないままだ。

ここまできたら焦ってもしょうがない、ともう一度頭を冷やして、成功した時の実験を思い出してみた。

すると、一つだけ、忘れていることがあるのに気づいた。

ずっと不眠不休で実験と試行錯誤を続けてきたせいだろうか。こんな大事な点を忘れていたなんて……。

自分自身が信じられない気持ちを抑え、忘れていた点を加味して、祈るような気持ちで実験を試みた。

やった！　遂に、結果が出た！

普段、神仏なんて信じない古澤だが、この時だけは、「神様に感謝しました」。

キンブルも大喜びで、「I agree with you.（君の言った通りだ）」と言いながら握手してくれた。

時刻は既に、発表当日になっていた。

そこから、研究室にいた学生の協力を得て、プレゼン用の資料作成に取りかかり、サンフランシスコの会場に到着したのは、発表時間の二時間前だった。

会場ではキンブルが実験に失敗して姿を見せないと思い込んだ人が大勢いて、事務局はピンチヒッターの準備までしていたという。

興奮と好評の内に発表を終了すると、キンブル教授が、古澤に言った。

「まだ、賭けのビールを渡していなかったな」

キンブルは、ディナーをご馳走《ちそう》してくれた。

この日は、古澤にとって生涯の思い出となった。

【図解・量子テレポーテーション】

量子テレポーテーションとは量子もつれを利用して、送信者側の情報を消し、受信者側でその情報を蘇らせる送信方法である。送信者側の情報が〝消えて〟、受信者側に〝現れる〟ことから「テレポーテーション」と呼ばれる。ここでの最大のポイントは、量子もつれ状態にある二つの量子は、どんなに距離が離れても、片方の情報を書き換えた瞬間にもう一方も書き換わるという現象だ。

左図の中の送信者アリスは、受信者ボブに「量子ビットV」を送りたいが、量子の世界では情報をコピーできない（＝「ノー・クローニング定理」）ため、メールやファックスでの送信のようにコピーを手元に残すタイプの方法は使えない。そこで、アリスは量子Aと量子もつれの状態にある量子Bを作ってボブに送る。次に、アリスは送りたい「量子ビットV」と量子Aを合わせてベル状態（「0と0」「0と1」「1と0」「1と1」の4つの特別な重ね合わせ状態）の測定を行う。その結果をボブに送り、ボブは量子Bに対してその結果に基づいた操作を行う。そうすると、ボブの元に、アリスが本来送りたかった量子ビットVと同じ状態のものが現れる。送信成功！

アリス側にあった量子ビットVは、ベル測定をした時点で壊れてしまって、すでにない。つまり、量子ビットVはアリスからボブに「テレポーテーション」したということになる。

本文中にある通り、古澤が最初に量子テレポーテーションの実証実験に成功したのが1998年。その後、2004年に二者間だけでなく、三者間の量子テレポーテーション実験にも成功。2011年にはシュレーディンガーの猫状態の量子テレポーテーションに成功している。

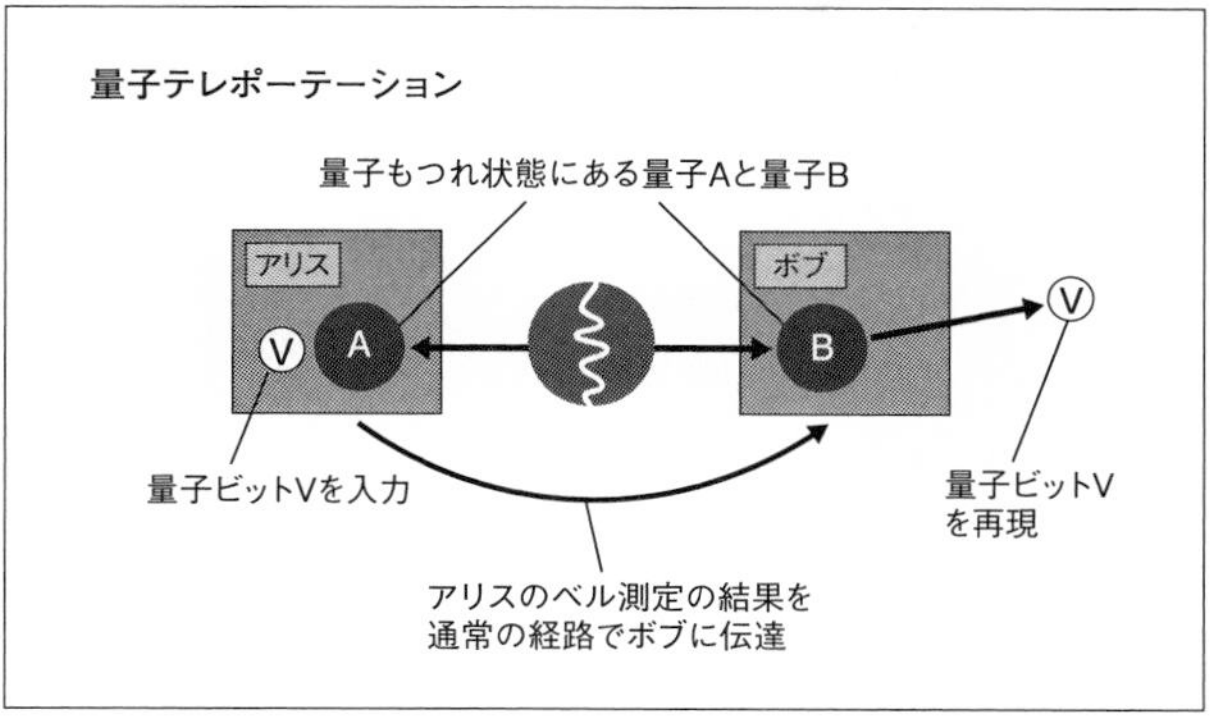

『光の量子コンピューター』(古澤明・著/インターナショナル新書/集英社インターナショナル)の図をもとに作成

日本に凱旋のはずが研究所が閉鎖
それでも、チャンスは訪れる

その後もキンブル研で、立て続けに成果を上げた古澤だったが、一九九八年一〇月、留学期間を終えて、日本に帰国した。

「キンブルからは、もちろん引き留められましたが、どうせなら日本で研究を続けたいという思いに駆られました」

それは、アメリカに、古澤が馴染めない何かがあったのか。それとも、単に社命での留学が二年と決まっていたからなのか。

私には、「競争相手のいない日本で、光量子コンピューター研究で独走したい」と思ったのではないだろうかという気がする。

だが、帰国した古澤を待ち受けていたのは、筑波研究所閉鎖の報だった。

前年の山一證券の破綻に端を発したバブル経済の崩壊と金融危機に、ニコンも巻き込まれたのだ。

「日本でバリバリやるぞという気概は、研究場所を失うという事態で萎《しぼ》みかけました」

そんな時、救いの神が現れる。

母校の東大工学系研究科物理工学専攻が、助教授の公募を行うと発表したのだ。そして、古澤は見事合格し、考え得る最高の研究拠点を得た。

「私は、とにかく強運なんです。この時も、それを実感しました」

運も実力の内――ということわざがあるが、古澤の場合、確かに強運の持ち主なのは、間違いない。

困ると、どこからともなく救いの神が現れる。ニコンの研究所で「会社の常識」の壁に苦悩している時、東京大学先端科学技術研究センターの研究員の誘いがあったり、カリフォルニア工科大学留学も、副社長をはじめ三人の連携で実現したり……。

尤《もっと》も、その強運を引き寄せたのは、やはり古澤の才能への評価だったことは言うまでもないが。

日本では珍しい「楽しい」研究室

古澤は、大学復帰を決めた時、胸に秘めていた日本では珍しい研究室のスタイルを確立しようと考えた。

「カルテックの研究室の学生は、研究も実験も本当に楽しそうにやります。日本だと、とにかく真剣にやれって言われがちですが、それでは良い結果は出ない。だから、実験《ゲーム》を楽しめる研究室にしようと決めていました」

何事も楽しく没頭してこそ結果が出ることを、自ら体験してきた古澤は、カリフォルニア工科大学留学で、その重要性を再認識していた。

日本では、先端を担うプロジェクトの現場には、なぜか「失敗は許されない命がけの覚悟」のような雰囲気が生まれる。

宇宙開発にしても、創薬にしても、量子コンピューターにしても同様だ。

だが、結果を出さなくてはならないと追い詰めすぎると、それが禍《わざわ》いして最悪の結果を生むことがままある。スポーツではそれが顕著で、もはや、時代遅れの文化であるという認識が、日本国内でも広がりつつある。

近年の高校野球やオリンピックで「競技を楽しもう」という姿勢が重視されるようになったのは、その誤りを学習したからだろう。

それが分かっているのに、なぜ「失敗は許されない命がけの覚悟」を研究者に求めるのだろうか。

研究費をいかに稼ぐか

「嫌な話ですが、結局はお金です」

年々、科研費などの研究開発費が削減されている状況では、失敗すると、再チャレンジする資金がなくなってしまう――それが、日本の研究の偽らざる現実だ。

だが、先端科学の研究で、費用を削ってしまえば、結果は出ない。

「私の研究室には、一機三千万円する機器があります。それを実験中に壊してしまったとします。その時、私が研究員にかける言葉は、〝ナイス・トライ!〟です。機器は、また、買えばいい。

そういう環境でなければ、実験で挑戦なんてできません」

実際、過去にそういう事態があったという。

「国の科研費だけに頼っていては、到底そんな余裕はありません。でも、世界で誰もやっていない実験で成果を上げ、世界で注目されるような論文を発表し続けることで、様々な資金提供を呼び込んでいます」

鳴かぬなら鳴かせてみせようホトトギス——ではないが、カネがなければ生み出せばいい。

「そのためには、研究員の知恵と時間を奴隷のように搾取してはダメです。彼らに、ちゃんと報酬を払う。

プロの研究者を育てる。アメリカでは常識です。日本でもそれができる研究室をつくることに決めました」

そこから、古澤研の輝ける道が始まったのだ。

【アメリカの大学院制度】

どんなことでも「楽しく没頭してこそ結果が出る」という古澤の信念は、世界最高峰の大学の一つであるカリフォルニア工科大学で、研究室の学生たちの、まるでゲームで遊んでいるかのような楽しそうな様子に触れて、より強固なものになっていった。

東大復帰が決まった際の、これまでの日本にはなかったスタイルの研究室をつくるという決意もそこからきている。ただ、研究室運営にお金の問題がついてまわるのはアメリカでも同様で、大変シビアな環境でもあるようだ。

研究の世界ではおなじみの、日本語では競争的資金と訳される、グラントという言葉がある。主に研究者を対象に研究開発課題を募り、採択された課題に対して研究資金が配分される制度のことだ。資金を出す主体は民間企業なども含めると多数あるが、公費としてはNIH（National Institutes of Health＝日本で言うなら厚生労働省に相当）とNSF（National Science Foundation＝同、文部科学省）の二つがメインである。

グラントが研究のために使われるのは当然として、研究者本人やポスドク、スタッフの人件費も、主にこのグラントから支払われる。さらに、アメリカでは大学院生にもグラントから給与を出している。つまり、それら支出に必要十分なグラントを獲得できない研究者の研究室は〝経済的に〟困難な状況になり、優秀な人材を集められなくなるだけにとどまらず、最悪の場合は研究室の消滅にいたるケースもままあるという。

第5章

失敗を面白がれ
——問題は失敗の質

ホームランを打つために必要なのは、三振を恐れず思いっきり振ること

負ける勝負はしない――という古澤だが、そう言えるまでには、日々研鑽《けんさん》を積んできた。

その間、最も重要だったのが、「失敗を恐れずに、挑み続けよ」ということだった。

「どんな人が不可能を可能にできるのかと言えば、挑戦し敗れても、その敗因を分析し対策を練った上で、また挑む。これを繰り返せる人です。失敗したことのない人には、前人未踏の大成功はできません」

誰だって敗北や失敗は嫌だ。

だが、その世界で一人前になるための「修業」中は、失敗することが重要なのだ。

「失敗して初めて、成功のための課題や方法が分かります。失敗を恐れずに試みなければ、

成功の手がかりは摑《つか》めません。

でも、日本では、失敗する自由を与えていない場合が多い。だから、ブレイクスルーする若者が増えないのかも知れません」

現在の古澤のような「達人」の域に到達すれば、成功する方法は、挑戦する前からある程度見えているかも知れない。

しかし、そこに至るまでは、試行錯誤の連続であり、いくら失敗しても挫《くじ》けず挑むしかない。

「我々がやろうとしているのは、世界で誰もやったこともない革新的な研究であり、実験です。つまり、エベレスト登頂です。ちょっと頑張れば到達できる山にしか登っていない人には、エベレストは登れません」

古澤が、「バントはするな、ホームランを狙え」と、研究室のメンバーに言うのも、古澤研は、ホームランしか狙っていないからだ。

「三振を恐れず、思いっきり振ってこい。問題は、その三振から何を学ぶかです」

自分で失敗を定義する

古澤が定義する「失敗」も独特だ。

「はたから見て失敗かどうかは関係ない。頂上を目指すための試行錯誤の一つで、今回は成功できなかったけれど、次へのヒントを摑めたと思えば、失敗ではない。負け惜しみではありません。とにかく、前回よりレベルが上がれば成功です。

逆に、これで成功するはずだと確信していても、失敗する場合がある。そういう時は、誰に言われなくとも『今回は、しくじった。失敗だった』と自覚するはずです。

だとすれば、そういう失敗は、二度しないようにすればいい」

古澤の言葉を紐解《ひもと》くと、成功確実なのに、上首尾に終わらなかったことが「失敗」で、チャレンジした結果、成功に至らないのは「失敗」ではない。

「私は、本人が失敗を定義すればいいと考えています」

古澤は、それを「失敗する自由」と呼ぶ。そして、成功確率を上げるための試行錯誤の段階では、「失敗を面白がれ」と研究員にハッパをかける。

失敗を楽しむ

だが、誰もがすぐに失敗から学び、大成功に至れるわけではない。

「一歩ずつ前に進んでいる実感があれば、十分。自分を追い詰める必要はない。失敗しても命を取られるわけじゃありません。実験は、ゲームです。

失敗も含めて楽しんでほしい」

失敗を楽しむ――というのは、なかなか難しい。しかし、その失敗が、成功へのステップだと思えれば、楽しく見えてこないだろうか。

私のような職業は、そもそも「成功」が曖昧だ。だから、作品を完成させた時に、課題に対していくつ納得できたのかを自分で確認する必要がある。

その作品に課題が一〇あれば、半分クリアできていたら、通常は、大成功だ。

よく言及されることだが、たとえば日本のプロ野球選手でどれだけ優れた打者でも、年間を通じて打率四割を超えた選手はいない。つまり、バッターボックスに入って一〇回の内、六回は凡退しているのだ。

一〇回の内六回以上「失敗」していても、四割近い打率を残せば歴史に残る大打者となる。

失敗を嫌う日本人は、失敗ばかりに目を向ける。だが、六割しか失敗しない打者は強打者であるという野球界の発想で考えれば、失敗の数に脅えなくなる。

「試行錯誤の過程で、失敗するのを面白いと思ってほしい。辛《つら》いと思っては、いけません。『ああ面白い。きょうも失敗しちゃった。面白かった』とならないと」

残念ながら、社会では、こういう「寛大な」発想をする上司には、滅多にお目にかかれない。

ならば、自分でそう割り切ればいいのだ。

「学生たちには、いつも言ってます。これはゲームなんだ。面白いだろ？　と。そういう考え方ができて楽しんでいる学生は、私がやめろって言っても実験を続けます。大きな成功を目指すには、そうならないと駄目です」

【偉人たちの失敗論】

「失敗」について多くの偉人たちが語っている。それを読めば古澤の言葉が詭弁ではないのが分かる。

●ブルース・リー（映画俳優・監督）
失敗を恐れるな。失敗することではなく、低い目標を掲げることが罪である。大きな挑戦では、失敗さえも輝きとなる。
●ウインストン・チャーチル（イギリスの政治家）
成功があがりでもなければ、失敗が終わりでもない。肝心なのは、続ける勇気である。
●フョードル・ドストエフスキー（ロシアの文豪）
人のやり方でうまくいくより、自分の考えたやり方で失敗する方がマシだ。
●マーク・ザッカーバーグ（Meta〈旧Facebook〉創業者の一人）
いまだかつてない最大の成功は、失敗する自由から生まれる。
●松下幸之助（現パナソニック創業者）
失敗とは成功する前に止めること。成功するまで続ければ必ず成功する。こけたら、立ちなはれ！

自分の最適な道を探すために好きなことを躊躇わずにやる

「失敗の経験がないっていうのは恐ろしい。ものすごく守りに入っちゃって。ちょっとでもリスクのあることは絶対にやろうとしない」

これは、研究分野だけの問題ではない。

バブル経済崩壊以降、日本の企業の大半は失敗に懲りたことを理由に、「失敗を許さない」体質になった。

だが、これは大間違いだ。そもそもバブル経済が崩壊したのは、「経営に失敗した」せいではない。

このままでは、経営危機になると分かっていたのに、それが明らかになるのを恐れて隠《いん》蔽《ぺい》した結果、自滅したのだ。あるいは、リスクを承知で挑み、失敗することもあるが、時に大成功を収めるような社員を排除し、リスクを取らないから目立つ失敗もない社員が出世レースに残り、役員になっていくという愚行を繰り返したからだ。

「失敗の意味や面白さは、いろんなものにチャレンジするフットワークの軽ささえあれば、自《おの》ずと分かるようになります。

分からないという人は、フットワークが重いからではないでしょうか。だから、チャレンジが足りていない。自分にとっての最適なチャレンジの道を見つけられていないのでしょう」

この「最適なチャレンジ」というのも、古澤らしい重要な発想だ。

フットワークを軽く

古澤は何でもかんでも挑戦しろと言っているのではない。

ただ、興味があるのなら、あれこれ考えず、まずトライしてみればいい。やってみないことには、自分に合っているかどうかは分からない。

「好きこそものの上手なれなので、好きなことをやるのが、挑戦の大前提です。下手の横好きという言葉もありますが、本人が楽しくて好きなら全然問題ないと思います」

興味はあるけど、失敗したら恥ずかしい――という日本人が多い。だが、それで試さない方がはるかに「恥ずかしい」ことを知ってほしい。

「人はみな、アイデンティティーを生かせる道を探しているわけですが、そのためには、フットワークを軽く、とにかくチャレンジしてみることです。そうすれば、取捨選択ができるようになって、道は絞られていく」

今の若者の多くは、リスクを取らない大人をどこかバカにしながら、SNSの中で語られる「正しさ」に縋《すが》り、自分たちも「無理をしない」生き方を選択している。

「インターネットに頼り切っていて、ここにこう書いてありますと言うばかりで、実証も検証もしない。それが、『正しい』とは限らない。自分で試せと言い続けています」

科学が発達すると、社会は豊かになる――と誰もが信じ切っている。

だが、その代わり、人間は怠惰になる。なぜなら、時間を掛けて苦労して人間が行っていたことを、機械やソフトが代わりに行ってくれるからだ。

その結果、人間はどんどん考えなくなり、行動しなくなる。

機械が提示した「正解」を疑うこともしない。

実体験情報は、ネット情報の千倍

「今の若者は、ネットサーフィンやバーチャルの世界にどっぷり浸《つ》かりすぎています。実体験が少なくなることを危惧しています。

実体験の情報の価値は、バーチャルの百倍、いや千倍はある。ネットでどれだけ膨大な情報収集をしたとしても、インターネットが普及する以前に比べて、入手できる情報が増えたわけではない」

多くの人は、情報は量が勝負だと思っている。だが、重要なのは「質」だ。とりわけ質が高いのは、「一次情報」と呼ばれるものだ。自分自身が体験するか、当事者に直接話を聞いた情報を指す。取得に手間暇がかかるが、精度、つまり質としては発信源がどこにあるのか不明のＳＮＳとは比べものにならない。

逆に、ネットでの情報収集というのは、膨大な量の中で、情報の精度が薄められ、無責任になっていく。

五感で情報を感じ取る

「情報とは、五感で感じるものです。人と直接会って話をすると、相手の口調、声、さらに表情からも様々な情報が読み取れる。目や耳だけでなく、肌感覚も含めて、体全体で情報を取っています。

それに比べてインターネットは文字や画像、せいぜいが映像情報です。生の臨場感とは比べものになりません」

私も取材の際には、緊張感など精神状態を肌で感じる。目や手の動き、水やコーヒーの飲み方、ふとしたしぐさ、さらには呼吸まで、全てが情報の精度を測るために役立つ。

コロナ禍で、対面取材ができなくなっても、Ｚｏｏｍなどを用いたオンラインでの「対面」で事足りると考えている人もいるが、それは、普段から適当なヒアリングしかしていないからではないか。

直接会って取材をする方が、はるかに相手と濃密な空間を作ることができるため、引き出す情報の質は格段に上がる。

「研究の場合だと、それが実験をする理由でもあります。とにかくリアルに身体を動かして経験する。全ての経験が糧《かて》になる。経験に無駄はありません。臆せずトライして、五感で情報を得る。それを繰り返していくと、自分の中で蓄積もでき、感性が磨かれていきます。そうすると、成功の方程式が見えてきます」

【五感で感じ取るとは】

「五感」とは、「視る・聴く・嗅ぐ・味わう・触れる」の五つの感覚のことだ。特別に意識することなく、普段の生活の中で、私たちは五感の働きによって様々な物事の在り様を知り、理解する一助にしている。私が取材の際に、直接会って話すこと、できれば先方の「生活（仕事）圏」にまで出かけていくことを大事にしている理由もそこにある。

小説を書く時、リアリティを大切にしている。まだ行ったことのない場所を舞台にある場面を描きたいと思ったら、可能な限り現地を訪ねる。時間の許す限り、歩き回り、そこに暮らす人と話し、そこで売られているものを食べる。

今は、Google Earthという便利なものがあって、世界中の多くの場所の風景を画像で確認することができる。ネットで検索すれば、知りたい場所の情報をいつでも豊富に手に入れることができる。だが、そのようなバーチャルな知識や情報をもとに書いた文章と、自分自身のリアルな体験に基づくものとでは、その出来上がりに大きな差が出る。

撤退は、勇気 退路は断たない

「失敗を面白がり、撤退は勇気だと考えることです。上手《うま》くいくはずの挑戦で結果が出ない時は、躊躇《ためら》わず撤退する」

第五キャンプまで登り、頂上をアタックするだけの条件を揃《そろ》えても、失敗することがある。

「今日は、自分の日じゃないから、上手くいかないのは、当然だ。ならば、潔く第五キャンプまで戻って、再チャレンジすればいい。焦らないことです」

古澤のような「負けず嫌い」の性格の人が、こういう心境を語るのに驚いた。

「こんなふうに達観できるようになったのは、この一〇年ぐらいです。それまでは、撤退は悔しかったし、成功できるつもりで挑んだ時の失敗は、引きずりました。だから、若い内は、そう簡単に割り切れなくてもいい。でも、撤退の重要性は心に留めておいてほしいんです」

常に選択肢を持つ

様々な挑戦をして、徐々に自分に合った楽しめる道を絞りこんでいく――。その一方で、古澤は、「一度挑戦したことに、いつでも戻れるようにしておくのも大切」と言う。

「退路を断つというと、カッコいいイメージがありますが、私はそう思いません。選択肢のない一本道を進むのは、リスクです。それに失敗したら、ナッシングになるからです」

挑戦は、集中して物事に当たることで、いつまでも結果が出ない、上手くいかないなどの理由でそれが辛くなるとその場所から逃げ出したいと考えるものだ。

そして、新たに別の選択をするのだが、時間が経過していく中で、以前夢中になっていたことの方が良かったと気づく場合もある。

距離と時間が、自省や再考する余裕を与えてくれるからだ。

「自分に合ってないと思ったら、すぐに別の道を進めと奨《すす》めるのは、戻りたくなったらいつでも戻ればいいと思っているからです。

一時は夢中になって没頭したのだから、その分、積み上げてきたものがある。ある時、自分には向いていない気がして離れてしまったのは、気の迷いかも知れません。そう気づいたら戻ればいい。それだけのことです」

不退転の決意に挑む方がカッコいいように思えるが、こういうところ、古澤はとても現実的だ。

それも、多くのトライアル&エラーを経てきた経験故だろう。

進歩は一歩ずつ

没頭しているのに、なかなか成果が上がらないと焦りが出る。それが、却《かえ》って結果を生まない原因になるのだが、当人にはその因果関係が見えない場合が多い。

「進歩って、ものすごく遅いものです。だから、焦らず少しずつ進んでいけばいい。一回のトライで、成功するわけがない」

また、本当にそれが成功できるかどうかの判断は、実際に行動を起こしてみないと分からないものだ。

「構想中は、何でもできる気になる。ところが、いざ行動を起こすと、想定外のことが次々に起きて、自分を過大評価していたことにも気づく。挑戦する準備がまだ万全ではないことが分かります。そこで焦る必要はない。

何事もステップ・バイ・ステップです」

実践し、結果で次を選択

「戦略より、実践が重要。私は、戦略を立てて、その通りに進めるというのが性に合わないので、あれこれ考えを巡らせる前に、行動します。そして、そこから得た結果で、次のステップに進む」

古澤が言う「戦略」とは、いわゆる机上の論理を指しているのだろう。

彼の場合は、理屈に囚《とら》われず、自分の（面白い、好きという）感性に素直に反応し行動する。だから、想定外があるほど、面白さが倍増する。

決して、場当たり的なわけではなく、実践することでしか得られない情報をもとに次を考えていく現場第一主義を貫いているのだ。

彼の思考と行動は、投資の際に将来の不確実性を考慮して、事業価値を定量的に判断する「リアルオプション」の考えに近い。

リアルオプションでは、何もかもをスタート時に決めずに、不確定要素は、状況に応じて複数の選択肢を用意する。

金融学では、これを微分方程式を用いて定量化するのだが、古澤は実践の結果得た情報を、自身の経験値と照らし合わせて、次の選択を行うというやり方をしている。

古澤自身がリアルオプションに言及したことはないが、私には、彼の行動に、そういう発想が埋め込まれているように見える。

「実験では、必ずこうなる、というマストの発想をしてはならない。状況に応じて、その場その場で最適解を探していくものですから。

若い研究者は、何でも式で説明できると考えがちですが、想定通りに行く実験なんて、存在しません。もし、そうなら実験なんてやる必要はありませんよね」

それでも、何の準備も見通しもなく行動できる人は少ない。

「まずは自分の考える最適経路を進んでみる。上手くいかなかったら、別の方法を考える。それだけのことです」

発明は、直感

古澤は、この考えを、もう一歩進めて言う。

「論理的に考えつくものは、つまらないものばかり。発明や発見は、論理ではなく、直感で生まれるものです」

誰も考えもしないようなアイデアが生まれる過程の説明は難しい。

小説の場合、「小説の神様が囁《ささや》いてくれた」という作家もいるが、そんなふうに、どこかから降ってくるものではないと、私は思っている。

ずっと悩んでいる問題の解決策は、何の前触れもなく突然、ランプが灯《とも》るように閃《ひらめ》くのだ。

「突然ぱっと思い付く。あ、こうやればいいんだっていうのがはっきり分かるんです。それがどうして起こっているのか、説明できない。何で思い付けたのか分からない。ただ、それが起こるのは、まったく違うことを考えている時です」

これは、奇跡が起きているわけでも、天才にだけ起きるわけでもない。没頭して考え行動し尽くしたという下地があるからこそ、閃きが生まれるのだ。

私にも経験がある。何か壁にぶつかった時、必死で解決法を考えて自分を追い詰め、脳内はその考えで満たされて煮詰められる。

限界まで行っても、まだ妙案は生まれない。

そこで、気分転換に、まったく別のことをやる（私の場合は、散歩か、読書）。すると、ある時、そのランプが灯るのだ。

古澤の場合は、寝ている時だという。

それは、突き詰めて考え尽くすのを楽しんだからこそ、ふとしたタイミングで不意に自分の中から湧き出てくるのだ。

【リアルオプション】

「オプション」という言葉を、商品を買った時などにつくオマケ的な付加価値という意味にとらえている人が多いが、本来のoptionの意味は「選択・取捨」「選択権・選択の自由」だ。

リアルオプションという言葉は、金融工学で用いられるプロジェクト評価の考え方の一つであるが、日常にグイッと引きつけて易しく言い換えるとしたら「将来予測に対して不確実性がある場合に、時間の経過に合わせてそれぞれの選択肢を柔軟に評価・判断していく」ということになるだろうか。

そして、当然のことながら「予測」というのは、常に不確実なものだ。ある時点で予測したストーリーが、その通りの結末を迎えることは、ほぼない。次々に、以前は予測できなかったことが起きる。想像もしていなかった社会の変化や事象、新たな課題。それらが現れた時にはその都度判断すればいいというバッファーを、当初から計画及びマインドに組み込んでおくことが重要だ。そうすることができれば、不確実性はリスクではなく希望になる。

考えてみれば、「待てば海路の日和あり」ということわざも、『風と共に去りぬ』の有名な一節“Tomorrow is another day”も、リアルオプション的な意思決定の一つかもしれない。

第6章

少年よ、楽しみながら大志をカタチにせよ

——若者が伸びないのは、大人のせい

世界一の大学生をダメにする日本の教育システムを打破する

「東大生は、世界で一番優秀。ハーバードやＭＩＴなんて、目じゃない。東大生の優秀さは、圧倒的です」

古澤から、インタビュー中に何度もその言葉を聞いた。

世間では、「東大生は、使えない」「世界の大学ランキングでも、下落が止まらない」などと言われているにもかかわらず、古澤は手放しで称賛する。

普通なら、「なんと素晴らしい母校愛！」と思うかも知れない。だが、古澤はそういうタイプではない。

彼は、客観的にそう確信しているのだ。

世間の認識とのギャップをぶつけると、少しだけ表現を変えた。

「少なくとも入学時の東大生は、世界一。それを大学がダメにしている。彼らの才能を伸ばせる環境をつくり、モチベーションを持たせられれば、間違いなく伸び続ける」

昔から指摘されているが、日本の大学生は、入学した時のレベルは世界屈指なのに、大学を卒業する時は下位に転落している。

古澤の主張も、それと同じなのだろうか。

大学で楽しめるか

「カルテックに留学して感じたのは、アメリカの学生は、大学で飛躍的に伸びる。それは、学問を楽しんでいるからだと思います」

実験を面白がれ、研究を楽しめがモットーの古澤にとっては当たり前の発想だが、日本の大学生は学問を楽しめていないのか。その違いは、どこから来るのか。

「日本の教育は、答えがすでにある問題をいかに早く解くかという能力を競わせる。東大生は、日本で最も速く『正解』を出せる人たちです。

でも、世の中は、答えのないことばかりです。あるいは、トライアル&エラーの末に自分で答えを掴《つか》むというのは研究者には必須の能力ですが、そういう訓練をしていない。だから、学問も研究もつまらないと感じてしまうのでしょう」

東大生が入学後にダメになる理由がここにある。

「つまり、学生が没頭したくなるテーマを教員が与えられていないということです。才能を伸ばす素質を持つ極めて優秀な逸材に、やる気を持たせられない。その結果、せっかくの才能もいつしか萎《しぼ》み、社会の役に立たない卒業生ばかりを生み出している」

それは、由々しきことだ。

一方で、古澤研の学生は皆、寝食を忘れてハイレベルの実験に取り組んでいる。世界が注目する学術論文を、毎年のように発表してもいる。

それは、古澤が「世界一」と称賛する東大生の能力や才能を確実に伸ばせている証左だ。

なぜ、古澤にはそれが可能なのだろうか。

「学びの面白さを教えるのは当然ですが、それに加え、彼らのモチベーションを高く設定することです。

私は、研究室の学生たちに、『世界一を狙え』と言い続けています」

【東大ランキング】

英国の教育専門誌「タイムズ・ハイアー・エデュケーション（THE）」が発表した「THE日本大学ランキング2023」によると、意外にも⁉ 東京大学は2位だった。ちなみに、1位は東北大学。4つの指標のうち、「教育リソース」「教育充実度」「教育成果」のスコアは均衡しているが、「国際性」の評価で水をあけられた。

次にアジアの中でのポジションはどうか。世界大学評価機関である英国のクアクアレリ・シモンズによる「QSアジア大学ランキング2023」では、東京大学は総合11位。1位は北京大学、2位はシンガポール国立大学。

そして、世界での評価。前述のTHEによる「THE世界大学ランキング2023」では、東京大学は前年から4ランク下がって39位。トップ4は、オックスフォード大学（イギリス）、ハーバード大学（アメリカ）、ケンブリッジ大学（イギリス）、スタンフォード大学（アメリカ）だ。古澤が社会人留学をしたカリフォルニア工科大学は6位。比較の指標となる項目は「教育」「研究」「被引用論文」「産業界からの収入」「国際性」となっている。

ランキングを調べる中で、「全国社長の出身大学ランキング」（東京商工リサーチ発表）というものを見つけた。東京大学は10位。上位は全て私立大学で、12年連続の1位は日本大学とのこと。

日本一ではなく世界一を狙え

「東大生というのは、自信の塊である一方で、優秀な人たちばかりに囲まれて、不安も多く抱えている。なので、自分の凄《すご》さをてっとり早く証明したくて、過去に成功した人の真似《まね》をしがちです。しかも、無理せず達成できるレベルで、少し自信がついたら、次に狙うのは、日本一です。でも、世界レベルからすると、日本一なんて意味がない。そんなものを狙うのは、全然クリエイティブではないし、そもそも楽しくありません」

だから、古澤はそういう「安直な結果」を求めないように学生を刺激し続ける。

「私の本拠地は、工学部のある本郷キャンパスです。普段は、三年生以降の学生との接点が圧倒的に多い。でも、世界一優秀な学生といち早く会うために、一年生を対象にした『量子コンピューター入門』という講義を駒場キャンパスで行っています」

せっかくの〝金の卵〟が妙な教育システムに毒される前に、彼らの持っているポテンシャルを最大限生かし、世界を狙える学生を育てようとしている。

「東大に入学した直後の一年生は、目が輝いています。意欲もある。そういう学生に、量子コンピューターの面白さを伝え、一緒に世界一を目指そうと訴えると、とても素直な良い反応が返ってくる」

結果的に、三年生になって専攻を決める時、古澤研を選ぶのは、「量子コンピューター入門」を受講した学生がほとんどだ。

入学直後の東大生向けに講義

「私もそうでしたが、東大に入ったら、ワクワクするような研究に携われると胸膨らませているわけです。ならば、一年生の講義から、その期待に応えるのが、我々教員の務めです。

量子コンピューターの研究が刺激的だと思えば、古澤研に進めるように頑張ろう、と思ってもくれます」

東大生に限らず、入学時に、自らの進路を決めている学生は、少数派だ。大抵は、大学で学びながら、熟考しようと思っている。ところが、衝撃を受けたり、感動したりするような講義や教授に出会う機会は少ないようで、結果的に「進学選択」と呼ばれる専攻選択時になっても、漠然とした気持ちのまま、進路を決める学生が多い。

他ならぬ古澤自身もそうだった。

それは、私もそうだった。大学入学時にはすでに、小説家、特にポリティカル・フィクションの書き手になりたいと思っていたので政治学を専攻したが、大学に入ってから、学ぶのが楽しいと強く感じる講義は皆無だった。とりあえず唯一面白かった教授のゼミに入ったが、もっと大学のカリキュラムが刺激的であれば、学ぶ醍醐《だいごみ》味を味わえた気がする。

世界一を手にする成功体験

「誰かの真似なんてするな。日本一になっても、世界では通用しないというメッセージは、その『入門』で伝えます。これが、東大に入ったんだから、やってやるぞ——と燃えている学生には響く。そういう学生を増やせれば、東大生は入学後、さらに進化できる」

日本一ではなく、世界一を目指せ！　というメッセージは確かに刺激的だ。

だが、言うは易く行うは難し――ではないのか。

「光量子コンピューターの分野で我々は、世界の中で圧倒的に先頭を走っている。世界一はとても身近にある。

研究室の一員となった学生には、まず世界に通用する成功を体験させます。それでモチベーションを、一気に上げる。

最初は、先輩たちの成功を見ているだけですが、すぐそばで体験できるので刺激としては十分です」

古澤は、研究室に所属する各学生の長所と個性を見極めながら、それぞれが世界一を味わえるように差配していくという。そうやって高めたモチベーションで、光量子コンピューターの実用化の実現というミッションに挑む。まだまだ懸案も多く、クリアするためには様々な実験が必要だ。

メンバーそれぞれが、自身の能力を存分に活《い》かし、楽しみながら挑戦を続けることができれば、いつか、夢は現実になる。

世界一を目指す古澤は、いまや、一研究者というプレイヤーではなく、精鋭部隊を率いる監督なのだ。

【量子コンピューター入門】

東京大学教養課程（駒場キャンパス）での夏学期（4〜7月）の講義の一つ「量子コンピューター入門」は、2001年に始まり、今年、23回目を終えた。受講した学生たちから「東大の中でいちばん面白い」という感想をもらっているというが、古澤は平然と言う。「それは当然。量子コンピューターなんていう、まったく知らないことを初めて習うんですから面白いに決まっている」

第１回目の講義は「ガツンと始める」そうだ。ものすごく難しい、絶対に理解できないだろうという数式を黒板に書き、「これ、分かるか」と問いかける。学生たちは泣きそうになりながらも、その衝撃を喜ぶのだという。「人生が変わりました」とまで言い出す者も。そして、第２回目以降も、最後まで「ガツン」をやり続ける。情け容赦はない。簡単なことは一切話さない。「全員に平均点を与えるような講義ではない」と言い切る古澤は、「興味を持つトップ中のトップが、さらに上に行ければいい」と、この講義の意義を位置付けている。実際、現在日本で活躍している若手の量子コンピューター研究者の半分は、この講義を受けた経験を持つ。

23年間やってきたが、一度たりとも同じ内容の講義はない。受講している学生たちの顔を見ながら、次の展開や説明をその場で考える。

「１回１回の講義が、１回こっきりのショーです。その時にしか見られないものでないと、意味がない」

古澤自身、時々は冷や汗をかきながらもその緊迫感を楽しんでいるという。

ちなみに、受講した学生への成績の評価は「緩い」らしい。「仏（ほとけ）」を超えて「大仏」レベルだとか。

研究室を率いる監督として学生の才能をいかに引き出すか

「私の研究室のメンバーは、皆、とても優秀です。経験も知識も未熟で、できないこともたくさんある。それなのに、実験を任せると、あっさり成功してしまう。そういう驚きが日々あります。なんと言っても、爆発力が半端ではありません。

だから、私が実験の先頭に立つなんておこがましい。彼らに任せた方が、世界一に近づくのも早くなると思っています」

何事にも、中途半端を嫌う古澤らしい。

彼は、さらに、こう言い切っている。

「優秀な学生は、〝放牧〟するに限ります。何も言わないで見ている。

せっかく凄い才能があって、まっさらな状態なのに、私が古い知識で下手に何か言うと、常識に縛られて、突破力や爆発力が消えてしまいます」

だが、彼の若い研究員たちに向ける称賛は、世辞でもなんでもないホンネだ。

リーダーには二つのタイプがある。

一つは、常に先頭に立って皆を導く突撃隊長タイプ。親分肌で、グループの結束力も強く、最強チームを築く場合も多い。だが、このグループには大きな欠点がある。

部下が育たないのだ。なぜなら、リーダーがオールマイティで、メンバーは彼に従うだけでいい。将来を期待できそうな若手がいても、リーダーは、完全にその人物に権限委譲せずに、少しでもトラブルがあれば、すぐにヘルプに入り、問題を解決してしまう。

こういう人物が組織のトップになると、組織は硬直化する。

トップの周辺には、指示待ちのイエスマンが増え、組織は有機的な広がりのある活動ができなくなり、脆弱化《ぜいじゃくか》していく。

権限委譲ができるリーダー

もう一つのタイプは、権限を、各部署の長に委ね、一切干渉しないリーダーだ。かつては、実力派として最前線にいて、人望も厚く、スキルも高い。

だが、トップに立った段階で、その人物は背後に控え、現場にしゃしゃり出ない。そして、可能な限り各部署の個性を生かすためのサポートに徹する。

問題が生じても、余程のことがないと、介入もしない。権限委譲したリーダーやチームが失敗した時には、責任は自身が負い、再チャレンジを促す。

もちろん、失敗の原因についてはヒアリングをした上で、アドバイスを行う。

戦国時代、川中島の戦いで、本陣に陣取り、床几《しょうぎ》にどっかりと腰を下ろし、戦況を見つめた武田信玄のようなタイプだ。

こういうリーダーを有する組織は、権限委譲のお陰で、メンバーの責任感が強くなり、次世代のリーダーも育つ。各人が自覚を持って仕事に臨むので、結果を出した時には、大きな自信をつけることができる。

大企業のトップは、こちらのタイプのリーダーであるべきだが、日本企業には珍しい。言うまでもなく、古澤は、後者のタイプだ。

学生自身の体験が必須

「私自身が実践してみせても、学生にとっては、何の経験にもなりません。自分で試行錯誤しながら考え続け、挑戦する。そこで結果を出した時には、称賛する——こういう流れが、重要なんです」

挑戦し様々な経験をしなければ、成功はない——と言う古澤は、それを学生たちに、身をもって感じ取ってほしいのだ。

だから、古澤は監督に徹する。

実験に挑む学生たちのモチベーションを高めるための配慮も怠らない。

「監督として一番重要なのは、自分が一番だと思っている東大気質の学生の鼻をへし折らないことです。

実験が失敗した時には、彼らの自信を喪失させないようにしつつ、方向性を軌道修正する。失敗の分析は本人に、しっかりさせますが、気づいていない重要点があれば、そこはアドバイスします」

もう一つ、監督として重要なのは、それぞれに合ったテーマを与えることだ。

「いやいや行う実験なんて、つまらない。結果も出ない。壁に当たったり、つまらなそうにしていたら、面白がれるようなテーマに変えます」

若い子に面白いことをやらせたい

監督に徹するのは、何でも自分で挑みたい古澤にとっては、ある意味、苦痛だろう。プレイング・マネージャーで研究を続けるという選択肢は考えなかったのだろうか。

「試した時期もありますが、最良の方法ではないと気づきました。実験は、私より爆発力のある学生に委ねた方がいい。勝つため、つまり世界一の結果を出すために、監督として皆を導くのも楽しいものです」

気がつくと、古澤の最優先課題《トップ・プライオリティ》は、「若い子に面白いことをやらせたい。世界一を体験させたい」に変わっていた。

「一人でできることには、限りがある。だから、今は、チームとして勝つことを目指している。

我々の実験は、成果を上げるまでに、約五年かかる。これは修士課程二年と博士課程三年の合計時間と同じです。

常に六つぐらいの実験を、スタート時期をずらして行っているため、毎年、何かしら世界的な発見がある」

そのいずれかに、学生個々が関わっている。

結果、研究室の学生の大半が、世界的成果を上げる体験をすることになるのだ。

科学は、日進月歩で進んでいる。

世紀の発明が誕生しても、一年もすれば、その発見を踏まえた次の発見が生まれる。

「我々は、アインシュタインより、はるかに進んだ研究をしています。世界で一番優秀な学生たちが、それを楽しみながら没頭して実験を行うんですから、素晴らしい成果が生まれないわけがないんです」

負けず嫌いで、誰もやらないことを率先して独自で挑んできた古澤が、監督に徹する

――。

これは、素晴らしいことだ。

「名選手に、名監督なし」という格言があるが「名選手」だった古澤は、どうすれば選手が実力を発揮できるかを熟知しているからこそ、ストイックに彼らを見守るのだ。

これは、なかなかできるものではない。

しっかり対価も用意する

さらにもう一つ、古澤が監督として重視しているのが、従来のように学生を奴隷扱いしないということだ。

古澤研では、大学院にまで進めば、学生は全員報酬を得られる。それは、研究室が様々な個人や企業から集めてきた研究費用から分配されるのだ。

「報酬は学生にとって大きなモチベーションとなります。それによって、プロ意識も生まれます。成果に見合った報酬を受け取る。これが、研究のあるべき姿です」

監督・古澤は学生たちの心のケアにも気を配る。

優秀だとは言え、学生は皆、様々な不安を抱えている。皆が同じことへの興味を持つわけでもないし、得手不得手もある。

実験を見ているだけでは、分からないことも多い。

そこで、古澤が考えたのが、「雑談」によるコミュニケーションだ。

「ミーティングは、やらない。その代わり、ランチに一緒に行きます。そこで、雑談をしながら、皆の顔色をチェックしています。学生の性格や考え方の変化も、毎日ご飯を食べていたら気づくものです。

実験を楽しめ、と言われることが時にはプレッシャーになる場合もあるでしょう。なんでも好きにやれとは言いますが、彼らに無関心なわけではありません」

いつでも相談できる存在として、すぐそばに〝居る〟ことが重要なのだと古澤は言う。

比べるな、気にするな

才能があるのに、メンタルが弱くて実力を発揮できない学生が増えているようだ。

「人と比べて、自分には無理だ、できない……となって、メンタルが折れる。原因は、情報過多です」

知らなければ気にならないのに、今のようなネット社会では、何もかもが「見える」ので、つい他人の動向を気にして、自分と比べてしまう。

あるいは、SNSでのちょっとした言動が個人攻撃をうけてしまうようなこともある。

「気にするな！

これが私からのメッセージです。自分がコントロールできることだけを頑張ればいい。コントロールできないもののことは、考えてもしょうがない」

学生は、師匠

古澤は、監督としてプレイヤーである学生に求める理想像はないという。

「それぞれが違うわけです。私の研究室にいるからといって、私のコピーをつくりたいわけではない。

学生は私の弟子じゃない、師匠です。

日々、私が学ばせてもらっています。

一人ひとりが自分の強みを生かして大きく育ってくれれば、それ以上望むことはありません」

人は、生まれてから何度も、「自分の誕生の意味」を考える。

自分だけの「才能」を見つけられたら、その人は幸せだ。

才能というのは、世界一優れた何かである必要はない。自分が好きなものを見つけ、それを続けるのが楽しくて、それによって、社会の中で役割を果たせるのであれば、それは立派な「才能」なのだ。

だが、大抵の人は、それを見出《みいだ》せずに人生を終えていく。

もし、学生時代に自分の才能を知ることができたら、それはとても素晴らしいことだ。

古澤が、「光量子コンピューター」を生涯の研究テーマに選んだのは、三〇代だ。だが、彼は子どもの頃から、自分の好きなもの、飽きないものを知っており、そこに情熱を注いできた。その結果として、今がある。

だからこそ、学生に「時間を忘れて没頭できるもの」を見つけてほしいと強く望んでいるのだ。

きっと、学生たちは、「研究は趣味、本職はウインドサーファー」と明言しながらも、研究で世界のトップを走る古澤を頼もしく思い、憧れを抱いているのだろう。

人生の意義とは、他人に教わるものではなく、自分で気づくものだ。

だから、古澤は自分のありのままを学生の前に晒《さら》している。

かく生きよと言葉にはしないが、背中で語っているのだ。

ゲームを楽しめ！

日本は、教育論を議論するばかりで、若者のためになる教育の本質を見失っている気がする。

教育の前提は、若者の意欲を喚起して、「学びたい」と思わせることだ。だが、残念なことに、あるべき論と押しつけがましい詰め込み教育がはびこっている。

私自身は、小学校時代の教諭陣が、子どもたちに自由に考え行動する楽しさを教えてくれたお陰で、どんな状況に陥っても「楽しむ」スタンスを持てるようになったが、学びを期待していた大学では、失望が大きかった。

だから、古澤研の学生が羨ましい。

そして、もっと彼らのような学生が増えてほしいと切に願う。

「別に難しい教育論を展開しているわけじゃないです。ゲームを楽しめ！　挑戦を面白がれ！　失敗は、成功を導く——それを、教授と学生が一緒になって共有できればいいだけです」

学生には、予定調和がない。突破力の塊で常識がない——そのエネルギーに古澤は、若さの圧倒的なパワーを感じるのだろう。

【高校時代の読書】

古澤がこんな話をしたことがある。

「真山さんと僕のやっていることは、とても似ています」

——物理学者であり、光量子コンピューター研究の分野でトップを走る古澤と小説家の私、それぞれがやっていることの、いったいどこが似ているというのか。

そう問いかけると、「数式は〝言葉〟であり、物理は数式でストーリーをつくること、だから、私もストーリーライターなんです」

そんな古澤は、読書家でもある。小説が好きで、明治以降の有名な文学作品のほとんどを高校時代に読んだというから驚きだ。歴史小説も好きで、吉川英治の『新・平家物語』は、「これを読んだおかげで、高校生活がとても豊かになった」そうだ。戦国時代を描いたものなどは、読みながら地図を眺めて戦略を楽しむ。『水滸伝』や『三国志』を読んだ時には漢文に興味を持ち、漢詩にも詳しくなった。中国人の研究者相手に杜甫や李白について語り合うことが、今でもあるそうだ。

工学部に進んでからは研究が優先となり読書の時間は減っていったということだが、嬉しいことに、私の小説は全て読んでくれているとのこと。

第7章

常識もバランスも捨て、挑戦者は未開を拓く

――諦めからは何も生まれない

努力と閃きがなければ何事もなせない

「天才とは、一%の閃《ひらめ》きと、九九%の努力だ」というエジソンの言葉を、もう一度思い出してほしい。

エジソンは、「いくら努力しても、結局は閃きがなければ、全ては無駄」という意味で発言した。

そして私は、「閃き」と「努力」のいずれが重要かではなく、「閃き」と「努力」の両方が兼ね備えられなければ、「天才」と呼ばれる結果は出せないと述べた。

古澤の発想と行動は、それを体現している。

古澤自身は、「努力という言葉は嫌い」だと言う。その一方で、「とことん自分を突き詰めなければ、何も楽しめない」と繰り返し発言している。

彼の行動を紐解《ひもと》いていけば、客観的には、彼もまた努力の人だ。だが、彼は「努力」を我慢して行う苦しいものだととらえているから、「努力なんてしていない」となる。

天才の多くは、自らを追い詰めるほど鍛え、挑戦する行為を、「努力ではない。無理していないし、楽しんでいるから」と言う。

古澤の言う「誰かにやらされているわけじゃない。自分が楽しいから続けているだけ」と同意だ。

この発想は、天才でなくとも、課題への向き合い方の指針になる。

「やらされ仕事」を楽しむ極意

私は、小説家としてデビューする前、一〇年余りエンターテインメント系のプロモーション原稿を書いていた。

分かりやすく言えば「宣伝原稿」だ。クライアントがアピールしたいことを、読者に伝えるのが仕事だ。客観性よりも、良い部分を強調して、読者を「その気」にさせることが求められる。

取材したいと自分から求めるものではなく、いきなり題材や取材対象が、渡される。まさに、究極の「やらされ」原稿だ。

だが、私は、そうは考えなかった。

題材に対して、個人的に興味がなくても、必ず魅力は存在する。あるいは、自分には響かなくても、感動する人がいるのであれば、それはどういう人かを分析し、その人に届くためのアピール法を考える。

さらに、この依頼は、小説家を目指す私にとって、読者を振り向かせるための技術向上に重要な修業だとも思った。結果的に、やらされ仕事は、「滅茶苦茶《めちゃくちゃ》楽しみなミッション」に切り替わった。

この発想は、古澤が重視する「面白がれ」の思考に近い。

だから、本書で述べてきたことは、「天才特有の偉大な発想」ではなく、望めば誰にでもできる発想の転換なのだ。

「閃き」は、誰にでもある

とはいえ、古澤のような「閃き」は特別、と考えるかも知れない。

だが、古澤ですら、座して瞑想《めいそう》すれば「閃き」が降ってくるわけではない。閃くまでには、時に壁に阻まれ、行き詰まり、それでも果敢に挑戦し、失敗から学び、またとことん突き詰めて考える……。そういう時を経て、ふと、まったく異なることを楽しんでいる時に、閃くのだという（尤《もっと》も、古澤は、寝ている時に一番閃くようだが）。

無論、才能ある人の「閃き」は、比類なきものだ。しかし、古澤のようなスタンスで物事に当たれば、誰でも、その人なりの「閃き」を得ることができる。

大切なのは、ミッションを楽しみながら、とことん突き詰めるという姿勢であり、結果を重視することだ。

「日本には、プロセスがよければ、頑張ったんだから、結果は問わなくてもいいじゃないかという文化がある。でも、やはり結果を出してこその挑戦。そこに、こだわりたい。そうしないと突き抜けたアイデアは生まれないし、何よりモチベーションが続かない」

だからと言って、結果を出そうと、いくら綿密に計画を立てても、あまり意味がないという。

「いくら戦略を練っても、同じ研究をしている人が、先を越すかも知れない。あるいは、世間の状況が変わるかも知れない。一秒先に起きることすら誰も予測できないのに、五年も一〇年も先のことを悩んでもしょうがない。

だから、プランを立てたことがない。常に好きなこと、やりたいことをやる。やってみて課題が出てきたら、そこに挑む。それだけです。私の場合は、ノープランがプランなんです」

ここまで潔く断言されると、議論の余地はないだろう。

【大切なのは、プロセス? 結果?】

小学校の頃、夏休みの作品などの評価に「最優秀」や「優秀」と並んで「努力賞」があったり、提出したレポートに「よくがんばりました」というスタンプが押されていたりしたことを、ふと思い出している。

なるほど、日本人は「努力」が好きで、必死で努力する人に対して結果はともかく、頑張ったプロセスを評価しようとする。そのこと自体は、もちろん素晴らしいことだ。

だが、大人になって社会に出てからは、「結果は問わない」というわけにはいかない。

仕事の場では、常に、良い結果を出すことが求められる。さもないと、事業も会社も、おそらく研究も、長く続けられない。どんなに立派なプロセスを構築したとしても、目指すべき結果につながらなければ、机上の空論で終わってしまう。

また、古澤も言っているように、結果が出ない状況が続くとモチベーションを維持するのが難しくなり、やがて、チャレンジする気概も失われていく。

とはいえ、結果さえ良ければ、プロセスはどうでもいいわけではない。

仕事における結果には再現性が重要なので、そこには〝正しい〟プロセスの存在が必要だ。プロセスと結果は切り離して考えられるものではない。プロセスと真摯に向き合い改善や努力を重ね、しかし、決してそのことを言い訳にせず、あくまでも結果を追求するという姿勢を持ち続けたい。

リスクに挑める社会のため挑戦を後押しする企業をつくる

古澤は満足することも、飽きることもない。

「一つ成功すると、その先が見えてくる。よし、じゃあ次に挑むぞ！　となるものです」

今、古澤は、光量子コンピューターのベンチャーを起業《スタートアップ》する準備を進めている。

「二〇二一年の十二月に還暦を迎えて、新しいことを始めようと思った。以前から温めていた構想を実現します」

古澤の研究に興味を持つ投資家は多い。後は、器が必要だったのだ。

「世界中の企業から、私の研究成果を事業化しないかというお誘いはあります。でも、私は、日本でやりたいんです」

そう考えるのは、古澤が今の日本に危機感を抱いているからだ。

「バブル経済が崩壊した後、今なお日本は立ち直っていない。企業は保身のために、株主の利益ばかりを考えている」

バブル経済崩壊後、日本企業は、長期計画のチャレンジをしなくなった。やりたくてもそれを支援する金融機関が、国内には皆無だ。

挑戦しなければ、良い結果、すなわち世界一は生まれない。日本はそれを自ら諦めてしまっている。

「諦めの文化を打破したい。日本復活の先がけになりたいんです。そのために、百億円規模のスタートアップをつくりたいと考えています。失敗してもいいんです。誰かが始めれば、次に続く人がきっと現れる。

それに、私には光量子コンピューターがあります」

優秀な生徒がエンジニアを目指す国へ

起業するもう一つの理由として、日本の優秀な若者に、働きがいがあって世界一を狙える場を提供したいという思いもある。

「自分だけで、会社を成功させられるとは思っていません。優秀な若者を集め、彼らにどんどん挑戦してもらう。東大卒業生が、皆、外資系企業を目指すなんていうのは、何かが間違っている。大人として、それを見過ごすことはできない」

日本では、優秀な学生は、理系なら医者になり、文系なら金融を学んで外資系に行くのが定番だ。司法試験を受ける学生も、外資系、国内を問わず巨大法律事務所《ローファーム》に入って高給取りになりたがる。

「優秀な子が、エンジニアになりたがる、子どもがエンジニアに憧れ、尊敬するような国にしたい。それも、一攫千金《いっかくせんきん》を狙えるようなエンジニアを目指してほしい。そうすれば、結果的に日本も復活するのでは」

バランスなんて取るな

親や教師は、子どもに「バランスの良い考え方」を押しつけたがる。だが、古澤の言い分は違う。

「バランスなんて、絶対に取ってはいけない。それは、その人の良いものを潰すことになります」

才能とは、言い換えれば「尖《とが》ったものを有している」ことだ。それに磨きを掛けるのであれば、バランスは妨げになる。

「弱点を補う必要なんてないんです。ただ、長所を伸ばせばいい。弱点は、弱点のまま放置しておけばいい。やりたいこと、得意なことを極めれば、弱点なんて気にならなくなる」

東大生批判の根本にあるのは、偏差値重視主義だ。「答えが分かっている問題を、いかに早く解かせるかしか考えていない」教育が才能を潰している。

だから、もっと個性を伸ばせという声は、あちらこちらから聞こえてくる。なのに、自分の子どもになると、それができなくなる。

考えてほしい。

東大に合格することだけが、人生の勝利者なのかと。才能があって、それを伸ばすために東大に入るのであれば、東大入学など、所詮ステップと考えるべきではないのだろうか。

挑戦権を獲得するためには

古澤が創業する企業に入りたい学生、我が子を入れたい親は多いだろう。古澤が望むのはどんな学生なのか。誰もが知りたい問いだろう。

「非常識な若者です。非常識は、若さの特権ですから。常識に縛られてほしくない。若者の最大の魅力は、突破力です。その突破力を支えているのが、非常識なんです」

常識は人の行動に制約をかける。それでは新しい発想や挑戦は生まれない。だから、若いうちは常識を破ることが大切なのだ。

古澤が言う常識とは、固定観念のことだ。つまり、最初から「こういうもの」なんて、決めつけるな。もっと自由に想像の翼を広げ、自分が考えた仮説を、自ら行動して確かめよ——。

その習慣を、子どもの頃に身につけた人は、自らの「才能」を自覚しやすいだろうと思う。

優秀な子どもに育てたいと考える親が、子どもを勉強にばかり集中させようとするのにも古澤は否定的だ。

「時間を忘れるほど楽しめる趣味が複数あった方がいい。

人生は、長い。学問一筋だと息苦しくなって、どこかで壊れてしまいます」

本職はウインドサーファー、研究は趣味——と豪語する古澤は、自らそれを実践している。

【かわいい子には旅をさせよ】

あなたの子どもが、常識やバランスに囚われがちなら、海外経験をさせるのもいいかも知れない。

古澤は、研究室の学生に、可能な限り海外留学を奨める。

「日本は、自己規制と常識が支配する社会なので、そこから抜け出すために、海外経験は、重要」と言う古澤。

まったくの異文化に身を置くと、自分自身のこと、日本社会のことが色々と見えてくる。

それが、発想の転換となり、息苦しさを緩和してくれる場合もある。

私もまったく同感で、以前、国際協力機構（JICA）の幹部に冗談まじりに、「日本の高校を卒業したら、全員、海外青年協力隊員に派遣したらどうか」と提案したことがある。

相手は、笑って聞き流したが、それが実現したら、若者も、日本社会の多くの問題も、一気に解決できると信じている。

古澤は、海外経験について、こう断言する。

「海外で暮らすと、人生観が変わります」

おわりに――古澤明から見た真山仁

「小説家の真山仁です」――研究室のアドレス宛に、ある日、取材依頼のメールが届いた。研究生活に入って以来、すっかり読書から遠ざかっていたこともあり、真山仁という名前を知らなかったし、小説を読んだこともなかった。

無視してもよかったのだが、本人からの直接の連絡だということが気になった。出版業界にいる高校時代の友人に「どういう人か知ってる?」と聞くと、「ベストセラー作家だよ」と言われてびっくり。

ベストセラー作家が、自らメールで頼み事をしてくるとは!

これまでにもたくさんのオファーがあったが、本人からというのは初めてだった。

この人は、本気だな――。

自分自身もそうだが、真ん中からストレートに物事に立ち向かうタイプの人が、好きだ。学生にもいつも「絶対にカーブなんか投げるな、直球勝負だ」と言っている。

これは会うしかないと思い、研究室で初めて顔を合わせた。

話してみたら、想像通りのストレートさで、変化球なんて投げそうにないところも、自分にそっくり。真山さんも同じように感じているようだった。

その際に頂いたのが、上下巻の『トリガー』だった。

本心を言えば、いくら本人に好印象を抱いたといっても、性に合わない本は読みたくない。

だが、サイン入りでいただいたこともあり、半ば義務感で読み始めたところ、これが、すごく面白かった。最後まで謎が続くサスペンスで、韓国の政治経済が背景に描かれる。インターナショナルな香りがあるところも好みで、初の真山作品に夢中になった。

そのあとは、読んでいなかった日々を取り返すかのような勢いで、真山さんの全作品を、これまでにほぼ二回ずつ読んでいる。

取材を受けた『タングル』に出てくる早乙女《さおとめ》教授は、まさに自分「そのまま」。至る所にそれまでに語った言葉が反映されているのもとても嬉《うれ》しかった。

連載中から読み始めたことで小説をつくるプロセスにも触れられて、こんなふうにつくられているのかと、新鮮な学びにもなった。

その後、本書のための取材で、真山さんと集中して話す機会が何度かあった。

小説家の取材の対象が自分自身という得がたい経験を通じて、自分は何なのかを考え直すことにもなった。

そして、その時に気づいたのが、真山さんと僕は二人ともストーリーライターなんだということだった。

小説家がストーリーライターであるのは当然としても、研究者がストーリーを？　と不思議に思われるかもしれないが、ある理論や実験結果がどういうふうに繋《つな》がっていくかというのはストーリーの立て方次第で変わる。ストーリーを書けない人は、先が続かない。ストーリーが書ける人だけが、次へ、次へと展開していける。

真山さんの小説で登場人物たちがいきいきと動き出すように、研究においても、それぞれのピースが、ある時、勝手に踊り出すことがある。

真山さんのやっていることと僕のやっていることはまったく同じだな、と思う。

『タングル』の最後で、早乙女教授は会社をつくる。小説を追うかのように、僕自身も間もなく起業をする。真山さんの頭の中では、一歩先にそういうストーリーが動いていたのだろう。「やれよ」という期待も感じた。

どんなことにも真正面から向き合うことしかできない、そっくりな二人は、これからもいろいろな経験を否応《いやおう》なく積んでいくことになるだろう。

真山さん、日々をエンジョイしてください。僕もそうします。そして、ドイツビールを飲みながら、また、語り合いましょう。

二〇二三年九月　東京大学古澤研究室にて

古澤　明（談）

参考文献

『光の量子コンピューター』（古澤明・著／インターナショナル新書／集英社インターナショナル）
『量子もつれとは何か』（古澤明・著／講談社ブルーバックス）
『「シュレーディンガーの猫」のパラドックスが解けた！』（古澤明・著／講談社ブルーバックス）
『若き数学者のアメリカ』（藤原正彦・著／新潮文庫）

真山 仁［まやま・じん］

1962年、大阪府生まれ。同志社大学法学部政治学科卒業。新聞記者・フリーライターを経て、2004年、企業買収の壮絶な裏側を描いた『ハゲタカ』でデビュー。同シリーズはドラマ化、映画化され大きな話題を呼ぶ。他の著書に『タングル』『マグマ』『ベイジン』『プライド』『コラプティオ』『黙示』『グリード』『そして、星の輝く夜がくる』『売国』『当確師』『標的』『トリガー』『神域』『ロッキード』『レインメーカー』『墜落』など多数。

編集協力：白鳥美子
編集：安武和美
　　　齋藤　彰
本文デザイン：山田満明
写真：松田麻樹

失敗する自由が超越を生む
量子物理学者　古澤明の頭の中

二〇二三年　十一月二十九日　初版第一刷発行

著者　真山 仁
発行人　庄野 樹
発行所　株式会社小学館
〒一〇一-八〇〇一　東京都千代田区一ツ橋二ノ三ノ一
電話　編集：〇三-三二三〇-五一三八
　　　販売：〇三-五二八一-三五五五

印刷・製本　中央精版印刷株式会社

Printed in Japan ISBN978-4-09-825464-4